如何愛，哲學家有答案

13堂最有關係的哲學思辯課

黃鼎元——著

前言

你發現哲學家／竟然也會戀愛？

哲學家往往給人不食人間煙火的感覺。打開任何一本哲學史，在系統性說明哲學家的思想前，通常會簡短帶到生平：出生（可能有一點家庭背景）、學經歷（略提婚姻，但也就是一兩句話）、幾件哲學人耳熟能詳的重要故事、死亡與其思想對後人的重要貢獻。如果你翻開的是哲學家的「傳記」，除非是像《尼采：其人及其思想》（*Nietzsche: Biographie seines Denkens*）這種將生平與著作編排在一起的撰寫方式，不然我們通常只能在第一章或導論概略理解哲學家的生平。這種現象彷彿將哲學家的生平與思想撕裂，一分為二！

確實，這裡存在一個問題：一個人的專業與生活能否畫上等號？當我們提到這些哲學家時，他們每一位都是思想的巨人，透過他們對哲學的開創，我們的思想被提升至全新的視野，並且得到對人生的啟發。但他們自己呢？在成為哲學家以前，首先他是個活生生的個人，有血有肉有感情，之後才是一位哲學家。但當我們認識這些哲學家時，卻只先認識他們的思想，之後才認識到這個人原來並非幻想人物。例如尼采過世於一九〇〇年，離我們才一百二十多年；對當代政治與正義研究極具影響力的羅爾斯（John Rawls）其實二〇〇二年才剛過世；再者，提出行動溝通理論（此理論被應用在當代許多重要的專業領域內）的哲學家哈伯瑪斯（Jürgen Habermas）目前仍在世且持續研究與創作。

我們與哲學疏遠通常是因為僅熟悉理論，卻對提出的哲人一無所知。但思想類的工作，往往與人品結合且互相干擾（類似電影台詞「人品好，牌品自然就會好」的意思）。想像一下，如果一位重量級學者被發現，他的實際生活與提出的學說相互違背，我們是否仍可以繼續將他的生平與學說切開來，若無其事地研究甚至實踐他的理論？或許我們可以透過尤達（John Howard Yoder，一九二七至一九九七）這位基督宗教哲學家的故事來思考並釐清我們的觀點。

尤達你這個雜碎

尤達是美國基督教門諾會的倫理學教授，以《耶穌政治》（*The Politics Of Jesus*）一書在基督教倫理學的研究與學術圈中占有重要地位。但就目前已知資料來看，從一九七三年至一九九二年間，尤達利用職務之便性騷擾與性侵超過一百位女性。尤達主張，接觸可區分為「親密接觸」與「性器官接觸」：前者指男女間在信仰的自由中，透過肌膚親密表達關係的緊密。他宣稱為了證明自己的主張為真，透過與女性輔導諮商的機會，實驗並證明男女之間可以擁有排除性器官的性親密。雖然尤達被控以實驗之名進行多次犯罪，但他從不認罪，因為他堅稱他沒有射精，而且他進行這些活動的目的是輔導與諮商，是為了幫助女性克服對性的恐懼——他相信自己是倫理學者，使命是挑戰對性有恐懼與禁止的文化。他對女性的勾引有一套SOP（如果這也能稱為SOP）：首先是誇讚、之後是建立友誼，再過來便是邀請女性參與活動、進行犯罪，最後還要求受害者必須寫出自己的感受。即便事情爆發，尤達在接受調查時仍然透過詭辯為自己的行為開脫，並拒絕承認自己有錯，導致這些受害的女性在（調查）過程中無法獲得幫助。有次，當尤達的妻子發現丈夫欺負一位神學院女學生並期望學校處理時，神學院竟然要求女學生不得張揚，否則要將其退學。從一九七五年開始，門諾會內部逐步嘗試處理尤達的醜聞，但直到二〇一三年，這件事才真正獲得處理；二〇一五年這些受傷害的女性才得到正式道歉。

提及尤達是為了讓大家思想：一個教導倫理道德的老師，當他在性的方面犯罪時，其著作還值得我們閱讀嗎？尤其他的非暴力主張，與他透過近乎暴力方式傷害女性時，此點讓他的學說被打上問號。類似的事情近年再次發生：美國基督宗教著名護教學者撒迦利亞（Ravi Zacharias）牧師，透過情緒勒索多次踰越男女情欲的界線，直至二〇二〇年他過世後整件事才被掀開來。

當我們看待這些事件，我們是否留意到，過往在理解哲學家、神學家、心理學家等專業人士的思想時，總是習慣盡量將思想與個人分開，希望避免以人廢言。但我們忽略一件重要的事，他們就是活生生的人，在思考學說撰寫著作時，生活直接的經歷會不斷影響思惟及抉擇——我們在這裡就是要用不同於過往專業書籍的介紹方式，特別和讀者聊聊哲學家自身發生過的情感，或是他們怎樣考慮婚姻的論點。我們嘗試進入哲學家的實際生活，理解他們最隱藏（也是最被忽略）的那一面。

我不是八卦記者啊！

除了尤達，後面還會提及許多哲學家們的（愛情）故事時，可能你會問：這難道不是一種扒糞行為嗎？

八卦雜誌追逐明星與藝人，從中找到他們需要的素材，之後加油添醋成為一篇篇獵奇的報導。我們這本書也是如此嗎？從史料與著作內挖出哲學家的生平，扒開過往，在理性外衣下尋找那些不堪入目的精采八卦，好藉此賣書賺錢？不，當我在撰寫時，始終問自己一個問題：生平跟理論是否相關？

一個人會有怎麼樣的價值觀，通常脫離不了他所處的社會環境與成長背景。約翰．彌爾（John Stuart Mill）之所以成為效益主義的重要代表人物，與他的父親有關。他的父親是效益主義重要代表人物邊沁（Jeremy Bentham）的友人與支持者。彌爾從小就認識邊沁，也跟他一同前往法國旅遊及學習，日後更成為邊沁的祕書，為他整理書籍資料，可說在耳濡目染下習到效益主義的精髓與學問——這部分我們後面再特別說明。這樣的價值觀若是未被整理說明，很容易受到忽略。對哲學思想有興趣的朋友（包括我自己）都曾想問：為什麼這位哲學家會有這樣的思想？如果是希臘哲學時期，或許尚在思想萌芽階段，選擇性不多；如果在中世紀哲學，因為基督宗教哲學幾乎是唯一顯學，所以那個時期的歐洲哲學家都以基督宗教哲學為其主要內容。但是到了近代，甚至是當代呢？這麼多的哲學思想，為何會得出那樣的推論內容？思想是如何發展的？如果回到哲學家的生平與背景，或許更能幫助我們釐清思想產出之所在。

確實，我們現在面對哲學家的思想時，容易把生平與思想分開。我們可以暢談某個人的學術思想，但他的生平彷彿與我們毫無關係。即便我告訴你，佛洛伊德（Sigmund Freud）過世於一九三九年，而榮格（Carl Gustav Jung）

逝世於一九六一年，你可能也僅是略為震驚這些影響二十世紀乃至當代的哲人們竟然和我們的年分這麼近。到了當代，哲學家多半在學院內工作，提出思想於學術圈中，和過往比起來，生活貌似簡單而規律（不過有幾位當代哲學家的愛情故事，若要說三道四，還是頗有可看之處）。即便如此，我們還是可以從他們的生活中，看到那些思想軌跡帶來的影響。哲學家們提供的建議可被應用在愛情當中：不是為了揭人瘡疤，而是因為他們每個人不論是生平故事或學說思想，都可給予我們在愛情中恰當的建議。更何況，並非所有哲學家都像尤達般令人髮指，在哲學家的愛情故事中，多的是言行一致且令人會心一笑的美好：像是犬儒學派（Cynicism）的克拉底斯（Crates）與喜帕琦雅（Hipparchia）的婚姻。

你不娶我，我就死給你看的哲學家

犬儒學派在希臘羅馬哲學時期獨樹一格：人的生活可以活得跟狗一樣，

而且當你過著如狗一樣時，你將會感到真正的快樂。因為犬儒主義強調，生活的目的在於獲得美德。人可以透過自然的方式生活，擺脫對財富與世俗的渴望。他們被稱為犬儒，來自 Cynicism 這個詞中的 *cynic*。希臘文中的 *kynikos*（cynic）本意就是狗。不過也有人說，這個詞是指第一位犬儒學派哲學家安提西尼（Antisthenes）在傳講這學說時的 Cynosarges 體育場，這個詞的意思是「白狗聚集的地方」。

剛開始，「犬儒學派」這個詞並不是什麼美好的形容詞，帶有汙辱及嘲笑的意味：此派的哲學家竟然膽敢拒絕城邦制度中的美好事物，還喜歡住在街頭，這在強調群體關係的希臘社會中是何等恐怖的事。而第二位犬儒學派當家者第歐根尼（Diogenes），他不但住在街頭，還被直接稱呼為狗！為此他也不客氣的回嗆，「通常狗會咬牠的敵人，但如果是我的朋友打狗的話，我會咬我的朋友來救狗」。直到後來，犬儒學派被認為是「犬」儒，主要是強調他們對生活的無動於衷，而且像狗一樣公開吃飯、做愛及睡覺；他們也跟狗一樣捍衛自己的哲學理論，跟狗一樣區分誰是朋友（那些適合他們學派的人）、誰是敵人。我們這邊所提到的克拉底斯也是這樣的人——他是犬儒學派第三任繼承人！

按照克拉底斯學生梅托克里斯（Metrocles）的描述，克拉底斯的生活極為簡樸。在師法克拉底斯之前，為了維持體面的生活需要，即便家裡提供一切生活費用，他還是會擔心：畢竟這樣的生活需要衣服、僕人、房舍、美食與美酒等開銷。但當他跟隨克拉底斯後，他只需穿最糟的衣服，吃最簡單的食物就可符合犬儒學派的要求。夏天睡神廟，冬天則睡澡堂：生活自由自在，梅托克里斯回家時開心地說了這位老師的事情，他的妹妹喜帕琦雅聽後感到好奇，偷偷跑去看讓哥哥心服口服的人。沒想到一見傾心，竟然愛上克拉底斯！她先是把所有追求者趕走，再跑去跟克拉底斯說要嫁給他；也跟她的父母說，只要敢拒絕這段婚姻，她寧可自殺。克拉底斯沒辦法，只好脫掉自己的衣服，赤身裸體站在喜帕琦雅面前，表示如果她真要下嫁，自己就只有這麼多東西能給她（別想了！克拉底斯可不是小鮮肉，他的身材差到一脫掉衣服就被嘲笑）。即便如此，喜帕琦雅仍然非常滿意這個未來的老公，最後如願結婚了——克拉底斯常說他們就是兩隻狗（犬儒）的婚姻。婚後住在斯多亞學派的學院內，常在眾人面前公開性愛，並生了兩個孩子。喜帕琦雅穿著男裝，和克拉底斯在相同條件下一同生活。從墓誌銘上可以看出她的雄心壯志：我不選擇有錢女人的生活，而是憤世嫉俗的男子氣概……我的名聲更勝亞特蘭妲（Atalanta，希臘神話中善於奔跑於山野的女獵人），因為智慧更勝山林疾走。

古希臘羅馬中女性的地位並不如今日崇高，喜帕琦雅卻因為跟丈夫平起平坐大大有名——那個時期還有許多女性也加入犬儒學派，但僅有她的名字流傳下來。克拉底斯在喜帕琦雅生孩子後還曾給了她養育的建議，像是讓孩子洗冷一點的水，長大後送他拐杖與斗篷。第歐根尼甚至建議羅馬人應該以喜帕琦雅命名一座城市（不過這件事並未發生）。婚後喜帕琦雅的生活更加愉快，據說她寫了一些哲學論文，只可惜沒有流傳下來。在老公的幫助下她活出真實的自己；她很滿意自己的生活，所以若有人告訴她「女人應該是怎樣」時，她認為與其花時間坐在織布機前或從事家務，不如花時間在哲學的學習上還更有價值。

哲學家也是人，也是媽生的

透過尤達或克拉底斯和喜帕琦雅的故事會發現，哲學家們其實也是有著七情六欲的人。當我們在書中談論哲學家的愛情故事時，或許你會發現這遠比討論他們的理論要有趣多了：雖然你可能會被激怒（例如看到海德格對待漢娜鄂蘭的模式）、可能會被驚嚇（例如阿貝拉德為愛失去身體的某個部分）；甚至可能覺得，哲學家們怎麼都是群奇怪的人啊？他們的理論難以理解也就罷了，怎麼連愛情也有種驚悚的感覺？

當我在寫哲學家的愛情故事時，我刻意選一些極為特殊的故事——當然也會考慮這位哲學家是否為大家所熟悉。所以如果你問我，為何要選某個哲學家時，我大概是這樣考慮的：首先，大家熟不熟悉這位哲學家？例如康德（Immanuel Kant），或許我們看不懂他的理論，但至少聽過這位德國哲學家。其次，這位哲學家有沒有寫過跟感情、婚姻相關的作品？如果有，這些著作能給我們什麼建議？如果沒有，他的哲學理論中能不能找到對我們有幫助的地方？最後，這位哲學家自己的婚姻或愛情故事是否特別到會讓我們嚇一跳？

你可能沒有想過，人類歷史上被載入史冊的哲學家有多少位？我這裡提供一個數字，讓大家明白我的考量：哲學圈頗具盛名的鄔昆如教授在八百頁的著作《西洋哲學史》中，收錄了一千位以上哲學家的名字。所以基於上述原則，你會懂我們選擇的理由。例如柏拉圖（Plato），雖然未婚且沒有愛情故事可言，但從他的《對話錄》中我們看到愛情起源的神話；又例如馬克思（Karl Marx），他的愛情故事本身就很精彩，因為既是青梅竹馬的姊弟戀，又是在顛沛流離生活中相互扶持的夫妻，此外他對社會階級的觀察很大程度是當代社會對愛情設定的內容。還有羅素（Bertrand A. W. Russell），他離婚三次結婚四次，第四次沒離婚是因為他過世了；他在二十世紀初寫了《婚姻與道德》（*Marriage and Morals*）這本驚世駭俗的著作。當然有些哲學家可能連聽都沒聽過，像是阿貝拉德（Pierre Abélard），或是討論基督宗教哲學中提到的十字若望（John of the Cross, St.），但在他們的生平或著作中，我們總是可以找到那些對婚姻情感有幫助的建議，或是聽了讓人細思（極恐）的故事內容。這裡應該負責任的多說一句話：如果你覺得某個哲學家的愛情故事太離奇以致覺得我好像在騙你，請相信我，這些資料其實都查得到，只是我們並未將人與理論連結在一塊而已。

專業 當然與你的生平有關啊！

從這些哲學家的理論來看，每一位哲學家的理論都有其對哲學發展的重要影響；但從生平來看可能就不是這樣了！

二〇〇五年羅傑斯（Nigel Rogers）與湯普森（Mel Thompson）出版了《哲學家劣跡錄》（*Philosophers Behaving Badly*），在前言就說，哲學家的學說不應該與他們的生活分開來。我們一般相信，哲學家這個身分代表理性與愛好智慧，所以他們應該追求真理與美德。確實，有些已在生活中落實他們的理論，像前面提到的犬儒學派。問題是，與此相反的哲學家大有人在：就像海德格，以及被人戲稱為 Dirty Bertie（骯髒的伯蒂）的羅素。

羅傑斯與湯普森在書中這樣說：如果哲學家能夠只專注在工作上，保持對知識論、邏輯甚至形上學的討論，那麼學術領域嚴格來說就是個相對於政治或經濟都安全的地方。但是當我們發現倫理學這樣一門學科越來越靠近生活時，也會發現這些生平究竟對學說產生什麼樣的影響。羅傑斯與湯普森在他們的書中列舉八位哲學家，包括盧梭、叔本華、尼采、羅素、維根斯坦（Ludwig Wittgenstein）、海德格、沙特與傅柯（Michel Foucault）——其中有六位哲學家在我們的書中也會提到。這不是說他們爛到骨子裡了，而是如兩位作者所強調，哲學可以啟發人類思想，但也會誤導眾人或欺名盜世。哲學家的行為有好有壞，有時悲傷有時瘋狂，但無論如何都與他們的思想彼此相關，或受到他們的影響。

不過我們與那本書描述的還是有所出入。羅傑斯與湯普森僅描述一位哲學家的生平與行為，我們則是透過哲學家的愛情與學說，概略向讀者介紹生平與思想，從不同角度來認識思想上的偉人。這樣一來，我們可以更清楚認識他們，從而進一步決定我們是否要深入研究學說思想。

讓我為這本書先立個FLAG

嚴格來說，這並非哲學學術上的嚴謹著作，而是對哲學家理論的詮釋與應用，而且還可應用在日常的愛情上。比較謹慎的讀者可能會想：這些詮釋與應用會不會超過哲學家原本所說的範圍，或者有沒有可能過度腦補？例如《超譯尼采》（《超訳ニーチェの言葉》）這本書就曾引發正反雙方意見，因為作者在擷取尼采著作時，似乎沒有特別注意上下文，以致部分學者認為他把尼采建構成過度樂觀的哲人——甚至在其中還出現了原著中可能從未出現過的文句。

我想，這本書畢竟是嘗試把理論加以應用，且非嚴謹哲學著作。我自己是這麼認為：這本書的功能更多像是導覽手冊，好讓讀者在短時間內認識一位哲學家，以及其思想中與情感或婚姻相關的部分（還有那些重要但沒人能懂的學術思想）。要認識一位哲學家的思想，閱讀原典會是最好的方式。但是我們也知道，哲學家在表達個人論述時為了確保用字遣詞精準，導致文章艱澀難讀。這本書的目的之一是，透過哲學家的生平讓我們能稍微親近這個人的思想。當我在解釋思想時，盡量使用白話文，就是那些非哲學系的朋友也能看得懂的文字——但請讀者見諒，有一些專有名詞就是那樣，如果造成閱讀上的辛苦，我先跟你說聲抱歉。另外，因為拿哲學家的思想來應用，所以有些讀者不一定會同意書中所提到的論點，甚至是應用的方式，我也先向讀者說聲抱歉，用得合不合理，或許從自身的專業與這本書的目的來看，是可被接受的吧？

不過，在翻閱此書時，一個與時間性相關的問題或許會被提出：這樣的愛情指南是否僅限於男女情感？過往的哲學家們，基於時代背景與婚姻制度的限制，討論的多為男女兩性間的感情問題——如果你翻到叔本華那一章，甚至可能會被他的厭女情節及對女性的詆毀貶抑氣得口出穢言。女性意識以及對權利的追求是循序漸進的，雖然有些哲學家（像是邊沁）已經發現同性戀朋友的權利應當受到保障，但礙於可能帶來殺身之禍，沒在當時發表。然而，這些哲學家在探討婚姻與情感時，扣除明確對男女性別與婚姻的描述外，對感情的觀察或對愛情及其行為的建議，絕對適用在任兩人的愛情故事內。

即便是基督宗教這種重於傳統，且極力主張婚姻組成要件為一夫一妻與一男一女，在當今世代也需要認真面對同性婚姻的現實需求。為此你在閱讀時會發現，我在書中通常是用「對方」、「伴侶」或「另一半」這樣的名詞來指稱對象，除非這位哲學家清楚使用男性／女性、丈夫／妻子這種性別明確的分類。

本書沒有專章討論「失戀」，是因為確實沒有太多哲學家討論失戀是怎麼一回事。比較特別的是齊克果，他的失戀本身就是一場個人選擇產生的結果。我們很少在哲學家的討論中看到他們如何評價失戀這件事：因為作為一個人，就包含著合理處置個人可能的情緒狀況。哲學預設人的存在與理性，所以總能在理性的狀態下勸告別人。但人具有情感層面，所以當我們自己就是失戀或痛苦的人，反而難以釋懷。哲學本身在此提供的建議僅僅是：讓自己更為理性。一旦透過理性或哲學家們的建議來反思，或許可以看到更為清晰明確的可能——雖然也可能帶來相反的結果。

這本書的撰寫還有另一個限制：作者是個（生理與心理上的）男性。身為一個男性，我坦承無法完全理解女性的思維，一如有時我覺得女性無法理解我的思維——這是純粹對事實的描述，不帶任何價值判斷。從目錄來看，我們沒有提到太多女性哲學家，一方面歷史上女性的哲學家確實不多，另一方面書中所提到的愛情故事中女性的聲音往往不在場。這和歷史背景有關，也和制度有關，再加上我的性別限制，所以只能盡可能從客觀角度來陳述（或許有讀者會認為我的性別已經限制客觀性）。雖然在身為男性或女性之前，我們首先是身為一個人，但這樣的觀念確實曾在哲學史上缺席一段不算短的時間。所以當想大罵某個哲學家根本是渣男時，也讓我們更願意以一個人的身分而不是以一個男人或女人的身分來看待身邊的人群。

我們現在可以開始透過哲學史的發展，逐步看待不同哲學家的愛情故事：不論是他們自己的故事，還是思想中那些與愛情或婚姻相關的部分。

目錄

1

你有可能選擇不和靈魂伴侶在一起嗎？

——蘇格拉底與柏拉圖

很多人認為另一半是自己的「靈魂伴侶」；外遇或出軌的人們也不斷強調，自己現在遇見的才是唯一的靈魂伴侶——儘管幾個月以後可能就不愛了：彷彿靈魂是廉價的，隨時可拋棄。問題是：如果那個人真的是你靈魂伴侶，是否代表著我們會持續地愛著那個人？

此問題衍生出另一個相關的疑問：你有沒有可能很愛一個人，卻不能或不願意跟他在一起？蘇格拉底會告訴你，「那是不可能的」。因為當你遇見真正的靈魂伴侶，你肯定會不顧一切和對方在一起。靈魂伴侶一詞來自柏拉圖，在《會飲篇》（*Symposium*）中闡明性別與愛情的由來，談論為何有人是異性戀，有人是同性戀，也談論「柏拉圖式戀愛」。蘇格拉底與柏拉圖兩位知名哲人，一位有兇悍老婆，一個未婚；但兩人對靈魂、愛情與性別的討論，卻對後世產生深刻的影響。

史上被黑的最慘的哲學家之妻

蘇格拉底被視為是西方的孔子，與柏拉圖及亞里斯多德同為希臘三賢。雖曾被神諭稱為全希臘最聰明的人，但由於他實在無法相信自己可以得此殊榮，而開始與各領域的專家菁英辯論。蘇格拉底透過辯證法與不同的對象討論他們各自熟悉的內容，他們一個一個敗陣下來，於是乎，蘇格拉底得到一個結論：自己之所以被稱為希臘最聰明的人，是因為他願意承認自己的無知。蘇格拉底被雅典法庭指控「不虔誠」和「腐蝕雅典青年思想」，當他被判處死刑時，原本是可以逃走的；但他認為，若逃走，只會進一步破壞法律權威，最後仍選擇喝下毒藥身亡。

有人說，偉大的男人背後都有一個偉大的女人，若要問誰是蘇格拉底背後的女人，肯定是指老婆贊西佩（Xanthippe）。提到她，大部分人會立即想到這是一個脾氣暴躁的女人；但她可能是被黑最慘的哲學家之妻，關於她的流言蜚語比事實還要多。若在現代，我們大概週週都可在報章雜誌上看到她的八卦，而且會被下一個標題：「**贊西佩當街咆嘯，蘇格拉底臉上無光**」。

贊西佩出身貴族，為蘇格拉底生了三個孩子。她較為年輕，兩人甚至可能相差20歲以上，所以也有人認為蘇格拉底娶她時應是再婚。她確實是脾氣暴躁，但不似後人陳述的這麼誇張。不過因為她的脾氣，據說有人請教蘇格拉底如何確認結婚對象是否合適時，蘇格拉底以自身為例告訴他，如果娶了溫柔的妻子會得到美滿的家庭；但若娶了暴躁的老婆，可以跟自己一樣成為哲學家。然而按柏拉圖在對話錄《費多篇》（*Phaedo*）中記載，贊西佩可是位盡責的妻子與母親——柏拉圖長年跟隨蘇格拉底，他的觀察應是正確的。

如果贊西佩情緒如此暴躁，蘇格拉底到底為何要娶她啊？據說，蘇格拉底認為贊西佩是所有女性中最難相處的，正因如此才要與她結婚。試想：騎士若能駕馭最桀傲不遜的馬，必能管理其他所有的馬匹。同樣地，蘇格拉底希望自己能與形形色色的人打交道，他就應當選擇贊西佩。因為他若能容忍贊西佩，必然能與任何人相處，只是這種容忍可是要付上代價的！有一次兩人大吵，贊西佩潑了一桶汙水（另有一說是屎尿）在蘇格拉底的頭上。蘇格拉底只能自嘲的說：雷鳴過後必有大雨。

贊西佩日後變成悍婦的代表人物，是因為與她同時期的劇作家揶揄她所致，莎士比亞也曾在戲劇中以悍婦的身分提及。悍婦身分深入人心，以至一八七五年被發現的小行星156被命名為贊西佩，或被稱呼為「悍婦星」。據說大哲學家尼采認為，贊西佩把蘇格拉底的家弄得像地獄般，蘇格拉底只能逃避到哲學中——不過也有人說，是蘇格拉底莫名其妙的個性與生活態度使嬌妻變悍婦。

但如果我們只注意到贊西佩的暴躁脾氣，而忽略這位太太對丈夫的至死不渝，對她並不公平。當蘇格拉底整天在外與他人辯論時，家曾經窮到過著比奴隸還不如的生活，然贊西佩仍沒有離開蘇格拉底；當蘇格拉底喝下毒藥走到生命盡頭時，贊西佩亦陪伴在身旁，並告訴他：「過不多久我會去找你。」可惜，大家都沒有注意到這部分。

你可能很愛一個人卻不跟她在一起嗎？

蘇格拉底的婚姻本身就是有趣的故事，但他自己怎麼看待感情，或給予我們什麼建議呢？若你問他：你可能很愛一個人卻不願跟她在一起嗎？

蘇格拉底會斬釘截鐵地告訴你：不可能。然後他可能會問你：「你真的知道你愛對方嗎？如果你知道，怎麼可能不想跟對方在一起？」雖然愛情往往被認為是感性的，但其中還是有理智的成分。或許可以聊聊是什麼原因讓你無法跟對方在一起？「我已經有一段情感，不能對現在的對象不負責任」，或是「我還沒準備好，還有許多問題需要處理」。但按蘇格拉底的理解，如果你真的愛對方，會努力嘗試，讓愛能夠發展下去。除非你不確定自己愛不愛對方，你才會以各種理由搪塞；當然也有可能你以為自己愛著對方，卻沒有認真思考如何與對方好好在一起。

蘇格拉底的思考來自他最著名的理論：「主知主義的倫理學」。這個理論強調，你的知識與實踐應當一致。如果你擁有可靠的知識，就能將道德落實在生活中，因為正確知識可以幫助你做出對的選擇。蘇格拉底用「知識即德行」稱呼這樣的選擇。我們可以假設，如果有一個人犯錯，很有可能是因為他得到的知識就是錯的。一個從小在暴力家庭中成長的孩子，很可能會誤以為暴力能解決問題，因此他待人以暴力相向：正好證明蘇格拉底的想法是對的。

有人會說，我們不是常在偶像劇或是電影中看見：我很愛一個人，但最終無法與你在一起：不論理由是什麼。例如日本導演新海誠在小說《雲之彼端．約定的地方》（雲のむこう、約束の場所）中，女主角最後決定離開，是因為她覺得男主角過度疼愛自己，會讓她失去自我。很愛對方卻不能在一起的情境也常見於情歌中，但仔細想想，可能是自己心裡清楚對象並非是靈魂伴侶，才會遲疑吧？按照蘇格拉底的想法，你不可能既愛一個人卻不想與對方在一起；除非你根本不愛對方，也就是說因為沒有遇到真正的靈魂伴侶，所以不想跟現在的另一半好好在一起。

最開始你就不是一個人

既然提到靈魂伴侶，就不得不提柏拉圖《會飲篇》中提到的神話故事——「圓形人類」神話，用以解釋愛情的由來。圓形人類是指最原初時，人類本來的樣貌：那時人長得似球，卻有著圓背、四隻胳膊與四條腿，還有兩張相同的面孔立於同一顆頭顱上，在這顆頭上還有四個耳朵——不過這兩張臉面朝相反方向。他們是直立行走，亦可以透過八隻手腳進行快速的移動方式。

圓形人類具有極高的智商與強大的力量，但他們心高氣傲，想要造反對抗神明。眾神明想著要怎麼解決：圓形人類平時會向神明獻祭，如果以雷電劈死他們，神明就無法收到禮物；但若是放任不管，就得忍受他們的無禮。此時，宙斯告訴大家他的解決辦法：就是將圓形人全部劈成兩半，變成獨立的個體；如此人可以繼續存在，不過他們僅能用所剩的兩隻腳直立行走，力量也被大幅削弱。眾神明同意後，宙斯開始將人一個個劈開，切成現在的模樣，更讓人可低下頭看到自己被切開的這一面，使其感到恐懼，以後再也不敢反抗神明。

圓形人被切成兩獨立個體，他們太過思念和另一半擁抱在一起的日子，所以急於追尋另一個人，並摟著對方的脖子，緊抱在一起不肯分開，甚至不吃不喝什麼也不做。直到其中一人死亡，便趕緊再尋下一個。看到這個景況，宙斯對被切開一半的人類產生憐憫。他重新安排男人與女人的生殖器官，好讓男人與女人擁抱時可透過人的結合繁衍後代。如果想要擁抱的兩人剛好是同性別呢？那麼至少調整過位置的生殖器官可讓他們得到情欲上的滿足。柏拉圖以男人為例，認為兩個男人的相擁並不奇怪，畢竟我們每個人都只是圓型人類的一半，我們都在尋找適合自己的另一半。所謂的同性戀者，就只是當初宙斯切開圓形人類時，這兩個半人皆具有男性特徵而已。

你的戀愛就是尋找「另一半」的過程

你現在應該能了解為何你得苦苦尋覓「另一半」了吧！這另一半不只具有物理的意義，更是真實出現在你身邊，包括柏拉圖意義下，曾是你另一半的圓形人類。畢竟你曾是圓形人類，跟另一半相親相愛，但現在不是了，所以我們急忙想要找到另一半。不論同性戀或異性戀都一樣，差別只是在當初被切開的時候，兩個被分別開來的究竟是一男一女，還是兩男或兩女。柏拉圖說，有人認為如果兩個男人深愛彼此，他們應當對這種行為感到羞恥——但柏拉圖反對這種說法，認為這些男人才是真正擁有男子氣概的人。他們英勇無比，而且正大光明表現出對彼此的情感。正因為擁有男子氣概，所以想要擁有那些和他們一樣的對象，那些對象當然是英勇的男人（這很類似一個網路說法「男生就該喜歡陽剛的東西，例如男生！」）。

所以不管你的性向為何，只要是人，都會想尋覓屬於自己的另一半。畢竟我們現在只剩下最原初狀態的二分之一，我們本來就應該與另外一個人組成完整的整體。因此，人類真正的幸福就是能尋覓到自己的另一半，即實現自己的愛情。你注意到了嗎？愛情的概念與對整體的追求有關：我們渴望物質的身體和另一個人結合而完整，我們也期望心靈層面在與另一半相處時獲得滿足。這就是靈魂伴侶的真正意義：不是只有身體的結合，還包括心靈的滿足。

「柏拉圖式的愛情」這個名詞的內容最早由柏拉圖提出，但第一個說出這個名詞的人卻是文藝復興時期的哲學家馬西里奧．費奇諾（Marsilio Ficino）。一四七六年，當他寫信給友人多納提（AlamannoDonati）時第一次使用了這個詞彙，並在日後出版的《書信集》（*Epistles*）中撰寫了幾封情書向我們展示柏拉圖式的愛情究竟為何。費奇諾與卡瓦爾坎蒂（Giovanni Cavalcanti）這位義大利詩人的討論中，多次提到柏拉圖式愛情的實質內容。按照費奇諾的意思，柏拉圖式的愛情是指那種不依靠肉體性愛的愛情，強調純粹精神上的友誼。換言之，費奇諾強調：柏拉圖式愛情是一種無所不包的愛。按照歷史學家的研究，費奇諾不是同性戀，他認同當時天主教所定調的性別政策，相信兩個男人在身體方面結合是可被咒詛的罪行。他強調：愛與性可能彼此衝突！

做愛後你大概就不愛他了

費奇諾強調愛與性的衝突：一旦有了身體接觸，我們的愛可能就一去不復返。我們可能很想跟對方有非常親密的結合，想要獨占對方的身體與心靈。但真的占有之後呢？愛情在結合時、達到最高峰之後呢？感官被滿足了，心靈卻似乎沒有被真正地滿足。到頭來，我們還是專注在感官而不是心靈層面。

費奇諾表達出柏拉圖的想法：在這個現世生活，我們會特別注重感官的滿足，忽略心靈的層面。這跟柏拉圖對靈魂的解釋有關，他說靈魂有三個部分，分別是理性、精神還有欲望。理性決定了你的目標，精神回應理性的要求；但欲望卻不一定認同理性的目標。欲望對物質有需求與渴望，且與感官相關。我們希望透過理性控制人生的方向，事實上卻經常受到感官欲望的影響，做出不當的選擇，發生「有個東西不買後悔，買了更後悔」的情狀。柏拉圖用雙頭馬車的比喻表達出欲望與理性間的拉扯：一個人，駕馭著由兩匹馬拉著的車子，其中一匹象徵理性，只需透過言語訓誡就可以叫牠聽話；另一批性情極壞，需透過不斷鞭打與懲罰才能有效操控，正象徵了我們的欲望。

兩匹馬自顧自地朝著想要的方向前進，造成駕駛者極大的痛苦。用我們這年代的比喻來說，一台車子若有兩個駕駛員，車子該開往何處呢？

為什麼欲望不好？柏拉圖解釋，那是因為激情與欲望引導我們看見的是眼前感官與經驗的世界。而這世界不斷變化，虛妄且不真實。正如每個時代的擇偶條件一直在改變，每個時代對帥哥美女的標準也不斷變化。因此人需要理性，理性能幫人做出正確決定。當人誤以為眼前不斷變化的現實為真，人就必然遭遇不幸。你看那些熱戀中的情侶，還有陷溺在婚外情中無法控制自己的人們，儘管在那當下可以什麼都不顧，最終仍必須面對現實的殘忍。

再看看牛郎織女的故事，兩人戀愛後廢耕不紡，遭致處罰。像這樣「因為熱戀什麼都不顧了」不論古今中外均被視為又笨又蠢。到底為什麼愛令人如此瘋狂，答案可在柏拉圖的解釋中找到。人的靈魂不是由單一神明創造出來的，而是由眾神明創造並組合在一起——包括人的肉體也是如此。這些零件被組合為同一人以後，理性僅占整個人的一部分，其他的地方在一開始就已有墮落的傾向。

當靈魂進入人的身體裡面時，靈魂是「墮落的」，因為身體不斷刺激靈魂的非理性部分，致使理性無法繼續維持對身體的控制。身體讓靈魂受各樣的刺激，包括對男女情欲的追求而形成貪戀——這似乎可以解釋為何有些人一戀愛就性情大變（如「有異性沒人性」），因為他們被情欲控制，失去靈魂本來就保有的理性。

這個社會已經帶有特定錯誤觀念，且透過一代傳遞一代的方式不斷向下傳遞，靈魂被困在身體中不但接收住這些觀念，甚至在靈魂轉生過程中繼續將這些錯誤的觀念帶往下一世。在這樣的情況下，我們其實無法真正擺脫來自欲望的束縛，除非被喚醒，才能使靈魂中本有的道德重新恢復。

靈魂本來就有理性層面，但你卻使用不了，為什麼？柏拉圖告訴我們，這是因為我們並未回憶起靈魂存在於理型世界時的那種美好。「理型世界」就如柏拉圖所說，那個相對於虛妄世界的真實世界。柏拉圖在《理想國》（*The Republic*）中談論，我們所看到的這個世界是假的；那個看不到的世界，也就是靈魂本來所在的世界才是真的。柏拉圖用這個理論告訴我們，感官所見的是虛妄，靈魂曾經歷過的那個世界才是真的。

柏拉圖的理論被稱為「理型論」，既可說明感官知識的不可靠，又可說明為何會稱那與我們心心相映的對象為「靈魂伴侶」。若在虛妄的幻覺或感官知覺中尋覓，我們挑另一半時就只會選擇那些看起來美麗的、帥氣的、身材姣好的、有錢的、性能力強的……這些都只是表象，經過幾年乃至數十年就會產生巨大改變。即便你相信他人的信念或意見，用這個作為尋找另一半的條件，但他人的經驗與意見是否合適呢？確實，基於家人、親友與同事上司的建議，比只靠自己的感官知覺好，因為至少有他人的意見與經驗把關。

可是柏拉圖會勸你：這些仍是虛妄不真實的，會因為時間的關係產生變化。柏拉圖認為，唯有進到真實世界，也就是在思想與理型世界中尋覓，所尋到的另一半才會是真實的。他們或許不在乎在表，也可能不在乎家世，因為他們在尋覓靈魂的伴侶；問題是，其他注重感官的人，也就是那些注重外貌、家世等等的人，對這些人通常採取不友善或輕蔑的態度。

這就是我們身邊的人：不論感情或婚姻，總有人認為感官的滿足才是最重要的，因而有人想要臉蛋身材俱佳的，或想要身世背景顯赫的。或許你會問，如果我們的靈魂曾在理型世界中居住，怎麼會愛錯人呢？怎麼會順著感官情緒去尋覓？柏拉圖再一次解釋，當靈魂離開理型世界與身體結合，就會因著結合產生碰撞而喪失記憶（真像韓劇的劇本）。你喪失了記憶，忘記在那個世界所看到的一切，也忘記與你靈魂結合的另一半是誰。為此，「學習」指靈魂的回憶過程：回憶起理型世界所看見的一切，也就能回憶起曾經的靈魂伴侶。唯獨靈魂就其本質也有善惡的部分，以致人會順著感官情欲選擇另一半。

我們都是回憶美好世界的孤單靈魂

這就是靈魂的真相：在那個美好的理型世界待過後，在與圓形人類的另一半分離後，我們的靈魂在這個由虛妄幻覺構成的世界裡孤單寂寞，尋找著真實，希望和原本的另一半重逢。只是它無法正確使用理性，反而陷溺在虛妄幻覺或經驗的累積，沒有比較可靠的內容。

我們的靈魂在理型界與另一個密合在一起：如果跟你合在一起的是異性，你的情感就是異性戀；若是同性，那你的情感就是同性戀——如果你自己是一個完整的圓，就適合自己一個人生活。但既然愛情是對整體的追求，是跟另外一個合為一個整體，因此並非任何靈魂都適合與自己成為完整的整體，畢竟還有許多細節要注意。然而理想國畢竟是理想國，儘管我們可以理解，你不可能在真正知道誰是靈魂伴侶卻不跟對方在一起，但現實生活中著實有太多複雜問題必須處理。

對蘇格拉底來說，既然知道了靈魂本性，就該透過辯證法來獲得正確的知識，因為正確的知識能讓人趨善避惡。你可能會有疑問：若是擁有正確知識能幫助你我實踐倫理，為什麼生活中還有許多人明知故犯？酗酒的人知道醉酒不好，但仍終日買醉；抽菸的人也知抽菸無益，卻仍不願意戒菸。蘇格拉底可能會說，是因這些人並沒有獲得正確的知識，他們無法主觀認同知識的內容；抽菸者可能並未真正理解此行為帶來的壞處，而持續抽菸；另一種可能是他們把錯誤當成是正確的，舉例來說，賄賂不好，但當商人透過這手段達成他所預期的，就會將這種方法視為正確。

如果把蘇格拉底與柏拉圖的主張套用在我們身上，或許我們可以再一次地問自己：我們真的知道了嗎？確實擁有正確知識嗎？或許人類追尋真理的過程，正是一個因為我們不知道自己是誰，以至於我們會不斷詢問的過程。但也可能只是因為，我們是孤單的靈魂，在世上積極想找到真正的另一半罷了。

2

你能接受大叔與女高中生相戀嗎？

——阿貝拉德

男大女小不稀奇，現實生活中很多人的婚姻就是如此，且兩人年齡落差極大，所幸雙方均是「成年人」。但如果女方未成年呢？你有何感想，會想打電話報警嗎？中世紀哲學家阿貝拉德（Peter Abelard）曾經談了一段男大女小的戀愛；在中世紀，本來也不是什麼問題，但因他和對方的身分，讓整篇故事最後變了調。

不是撿到高中女生的中年大叔

阿貝拉德是個成名甚早且頗為自負的哲學家。他曾跟自己的老師，覃波的威廉（William of Champeaux），有過非常激烈的學術辯論——激烈到兩人有段時間，只要得知對方出現在某地方，自己就絕對不出現。最後，阿貝拉德大獲全勝，卻因下手過重，讓威廉顏面盡失。威廉不但被迫修正自己的學說主張（你看阿貝拉德有多聰明），還宣布與阿貝拉德斷絕師生關係（你瞧他多不給人面子）。

哲學天才少年得志，年紀輕輕就成為神學院院長，擔任神學講師，在巴黎頗負盛名。這樣一位理性的哲學權威，絕對沒有想到自己的人生將被一位年輕女孩海蘿莉絲（Héloïse）攪得天翻地覆。他們愛得死去活來，就像那些情感（如婚外情、情感劈腿）難以見容於社會的情侶，死心眼地認定彼此才是真正的歸宿後，不論身邊親友如何勸告、理性分析甚至威脅利誘都沒用。這樣的狀況也發生在阿貝拉德與海莉羅絲身上：儘管阿貝拉德是天才哲學家，陷入情網後的自負性格仍顯露無遺，最終不但害到自己，也傷害了海蘿莉絲。

阿貝拉德約於一一三二年間撰寫的自傳《受難史》（*Historia Calamitatum*）中，曾提到在與海蘿莉絲戀愛以前，他與所有在校內從事研究教學工作的學者一樣，過著規律而平穩的生活。有一天，阿貝拉德的同事同時也是巴黎的神職人員富爾貝特（Fulbert）來找他幫忙，請他專門教導並栽培一位年輕有潛力的女孩。這女孩就是海蘿莉絲，她同時也是富爾貝特的姪女。找阿貝拉德的原因是，希望女孩能受到最好的教育，當時30多歲的阿貝拉德正是提供這種頂尖教育的不二人選。阿貝拉德與海蘿莉絲相處的過程中，愛上了這個17歲的少女——我知道你在想什麼：這不就是30幾歲的大叔愛上17歲高中女生的動漫情節嗎？你要這樣想也可以，不過當時中世紀的社會風俗和規定與當代不太一樣，真的不像我們現在所認為的！

阿貝拉德愛上海蘿莉絲後，無法滿足每週僅碰面幾次，他希望能常常黏在一起。他知道富爾貝特是個貪心的傢伙，就表示為了讓海蘿莉絲有更好的學習，必須讓她住進自己的家裡，好讓他專心教導。此外，阿貝拉德還要求富爾貝特必須額外多付薪水給自己，因為他是神學院的校長，又要擔任課程講師，現在還得花費時間教導及照顧海蘿莉絲，當然得多付薪水給他。貪心的富爾貝特想了想，覺得似乎挺划算的——等於請到當代最好的大師擔任私人家教，如此一來，海蘿莉絲不就能更深入地探索學問了嗎？為此，富爾貝特答應了，不過他要求阿貝拉德要非常嚴厲地教導海蘿莉絲。

現在，你可以開始腦補接下來會發生的事情了，且事實上還真的發生了你我能想到的那些事情。按照阿貝拉德的懺悔，當他開始教導海莉蘿絲時，兩人早就放棄那些要學習的正規課程。小倆口常以研究學問為藉口談情說愛，並且委身給彼此。原本生活規律、嚴謹的阿貝拉德，將戒律拋到九霄雲外去，腦袋瓜整天想的都是這可愛的女孩。他越來越貪心，開始厭惡研究，也厭惡自己必須要到學校上課及處理行政工作。這段期間阿貝拉德的研究算是荒廢了，好在他以前用功，累積足夠學術資本，可以處理每天的講課工作。

這種狀況旁人怎麼可能看不出來呢？那些說服不了別人的蹩腳藉口以及與不同於過往規律生活的荒腔走板，很快就有人發現這兩人之間的不對勁了。有人跑到富爾貝特跟前告狀，富爾貝特一開始並不太相信，覺得兩位年輕人能有些什麼特別的關係呢？加上對姪女的溺愛（為了栽培這個姪女他不遺餘力），他壓根不相信。但很快的，他面對一個殘酷現實：寶貝姪女未婚懷孕了。

不是傲嬌不嫁給你，就是愛你才不能嫁給你

海蘿莉絲發現自己懷孕了，心中頂著極大的壓力：兩人沒結婚（FB感情狀態顯示為一言難盡），而且當時正值12世紀的基督教歐洲世界，社會風氣保守。和海蘿莉絲討論後，阿貝拉德心一橫，索性將海蘿莉絲祕密地帶到自己家族的領地，並請姊姊和她住在一起以便彼此照顧生活起居——這件事富爾貝特完全不知情。最糟的是，等到一切謎題解開，海莉蘿絲已經生下一個兒子，並由阿貝拉德取名為艾斯特必（Astrolabe）。富爾貝特知道後暴跳如雷，又羞又怒！阿貝拉德左思右想，覺得自己應該要負責，決定要娶海蘿莉絲為妻。但，第一個跳出來反對的，竟是海蘿莉絲自己。

海蘿莉絲真的很愛阿貝拉德，正因為如此才會決定不要嫁給他。她反對這樁婚事的每個理由，都是從阿貝拉德的角度作為思考點。例如她覺得阿貝拉德不應該浪費時間在她身上——不是鼓勵多納妾，而是認為阿貝拉德這麼聰明，若將重心放在取悅女人，勢必會限制他未來的發展。阿貝拉德是年少有為的天才（不自卑卻不知進退），未來必定無可限量。這美好的未來竟然要浪費在海

蘿莉絲一個人身上，太糟糕了！如果他們結婚了，未來的日子裡，阿貝拉德為了要讓海蘿莉絲開心，該做的研究或學術工作一定得減少，這對阿貝拉德來說太不公平了！

海蘿莉絲擔心，他們現在愛得死去活來，未來婚姻生活肯定既殘酷又現實。談戀愛階段，我們幾乎都是「有情飲水飽」；步入婚姻後，不論生活如何，最終都要面對兩人因朝夕相處產生的各種摩擦。現在兩人雖無婚約，但至少彼此相愛，無需進入婚姻生活讓兩人感情有生變的風險；加上阿貝拉德是從事哲學與神學教育工作的人，婚姻既然帶給人那麼多煩惱，就無謂在繁重的研究外給自己增加新的痛苦。有一位聖人殷殷告誡，婚姻是對人生永無止境的干擾。所以如果你夠聰明，你是個有智慧的人，就別結婚吧！「追求智慧、研究哲學，與娶妻生子不可能同時並存。」

阿貝拉德仍舊不接受：他相信自己是天才，可以同時處理很多生活瑣事。海蘿莉絲規勸他應該要維持職業的尊嚴！哲學家要有身為哲學家的職業自覺！更何況阿貝拉德天生就是要吃這行飯的，他可是年紀輕輕就駁倒自己的老師還讓人憤而退休呢，如果就此放棄哲學工作豈不是浪費天賦嗎？阿貝拉德身為神學院的校長與老師，在當時屬於神職人員，他當然可以為了愛情放棄這些宗教上的職業，但同時也是個哲學家。要被眾人認證是位思想豐富的哲學家可不容易（作者我連「哲學家」三個字的腳後跟都摸不著），阿貝拉德不僅有天分又有機會，若為海蘿莉絲放棄一切，你叫那些既沒有天分又沒有機會的研究者情何以堪？

海蘿莉絲提出的這些理由，阿貝拉德一個也不接受。她無計可施，只能提醒他：如果真愛她，就得非常小心——富爾貝特絕對會報復！阿貝拉德不相信一個神職人員兼神學院的同事會對他如何？富爾貝特都同意自己娶海蘿莉絲了。海蘿莉絲了解自己的叔叔，叔叔答應得太奇怪了，背後肯定有陰謀，恐怕阿貝拉德會有危險。她苦勸阿貝拉德：她願意作祕密情人，願意等著他。這不只是為了兩個人的安全，更是為了能夠長久的必要手段。如果她只是祕密情人，縱使不能常常碰面，鑒於「小別勝新婚」，說不定可讓彼此更加濃情蜜意。反過來說，若阿貝拉德執意要娶，他過去累積的學術聲譽可能會崩盤，職業尊嚴將徹底掃地，倆人的感情也將成為社會的笑柄。

無聊！我就是要看到血流成河！

阿貝拉德才不肯乖乖聽話呢！他認定，海蘿莉絲已經是他的人了，還為他生了兒子。生米早已煮成熟飯，難道富爾貝特想翻臉不認人？

沒錯，富爾貝特確實翻臉不認人了！當他知道姪女為阿貝拉德生下孩子時，他暫時無計可施，畢竟心愛的姪女遠在男方領地（根本就是被當作人質），所以當阿貝拉德來提親時，只能咬牙答應。或許他心裡早就已在盤算，沒關係「相佇會到」，之後再看看要怎麼報復。

海蘿莉絲生下孩子後，和阿貝拉德回到巴黎祕密成婚。婚禮剛結束，新娘就被帶走了。為了阿貝拉德的名譽與職業，倆人減少獨處機會，以免被人說三道四。沒想到富爾貝特到處跟人明說暗示，知道他們結婚的人越來越多。海蘿莉絲擔心會斷送阿貝拉德的前途，而與娘家起爭執。富爾貝特不爽姪女胳臂向外彎，對其施以軟禁等不同的懲罰。阿貝拉德知情後火氣高漲，乘一次碰面的機會，直接把心愛的妻子送到離巴黎不遠的阿讓特伊（Argenteuil）女修院，讓她與娘家斷絕往來。富爾貝特勃然大怒！他想著：阿貝拉德就是玩玩而已，現在玩膩了，竟強迫海蘿莉絲成為修女。這麼一來，阿貝拉德既可擺脫婚姻，又得以維繫學術前途。富爾貝特拳頭硬起來了！他心裡盤算要阿貝拉德痛不欲生，他要看到血流成河：這傢伙居然膽敢汙辱自己的姪女。於是買通阿貝拉德的僕人，待半夜熟睡時，請僕人開門，潛入家中閹割他，讓他永遠無法再玩弄女人。

阿貝拉德被閹割後，因為羞愧和反省，重新加入修道院。沒有埋怨神，他只覺得自己真的很糟糕：不但違背天職，也傷害了海蘿莉絲。與自己的名譽相比，阿貝拉德比較擔心會讓親友臉上無光。即使加入修會，阿貝拉德的脾氣與個性還是沒有改變太多；修道院希望他能夠教導廣大貧苦農民關於宗教禮儀與教義的知識，這跟他過往的學術生活有很大差異，但最讓阿貝拉德感冒的是他的頂頭上司，那個庸俗不堪的院長（阿貝拉德畢竟是個天才，對笨蛋嚴重過敏）。幾經努力，他終於離開這間修道院，自己開立學派教導願意跟隨他的學生，但離開此舉深深地傷害了海蘿莉絲。在還不清楚發生什麼事情的時候，阿貝拉德竟消失了，完全連絡不上：海蘿莉絲覺得自己好像真的被騙了！

果然，舊愛才是最美

兩人待在各自的修道院中，逐漸適應了平靜的修道生活。這對分開多年的夫妻本該老死不相往來，約在一一三二年的前後，阿貝拉德撰寫《受難史》時，另外寫了一封信給朋友非林圖斯（Philintus），代替這篇文章的前言——我們後來稱為〈第一封信〉。藉著這封信把過往做個交代，期望他人可從自己身上獲得借鑒。

〈第一封信〉與《受難史》的內容很妙，從用字遣詞上可以猜想或許阿貝拉德對這段感情已能坦然面對，也可能已經放下這段愛戀。書信中提到海蘿莉絲時，已不再稱她為「我的妻子」，而是用教會的普遍稱呼：「我的姊妹」來稱呼過往的愛人。這封信後來輾轉傳到海蘿莉絲的手上。

海蘿莉絲讀後隨即寫了一封信給阿貝拉德，這封信後來被稱為〈第二封信〉。信中她為阿貝拉德打抱不平，覺得他受到許多不公平的對待，她可以明白阿貝拉德的狀況與想法，而且能重新看待兩人之間的關係，甚至對那段風花雪月釋然。或許不是沒想過要重新開始，但兩人需要面對的困難恐怕仍不少於當年，於是提出透過書信往返讓情感得以交流的要求。12世紀的中古歐洲和現代不太一樣，無法用手機傳訊息，也不能透過 e-mail 來寄送，而是透過信差傳遞，一封信可能得幾個月後才能交至對方手上。海蘿莉絲的決定很精明，不僅可重新維繫雙方情感，又不至於對現在生活產生太大的影響。

海蘿莉絲告訴阿貝拉德，他曾是自己最痛的感情，所以他現在有義務要好好安慰或補償自己，償還這筆感情債。兩個人既然沒辦法好好再以夫妻的關係聚在一塊，就讓感情在宗教內升華吧！海蘿莉絲亦利用這個機會，為修道院爭取到老師。她在信中寫道：

> 我們被稱為您的姊妹們，我們也稱自己為您的孩子，所以如果有可能，表現出任何表示親密關係或親切關懷那種共同義務，我們就應當加以表達。如果我們不知感恩，以至於不對您說出我們的感恩，那麼這座教堂、祭壇和牆壁都將責備我們的沉默，並為我們開口說話。

收到海蘿莉絲的信件後，阿貝拉德回了一封信給她（我們稱為〈第三封信〉）。信中他坦白告訴海蘿莉絲，他根本沒想到第一封信和《受難史》會輾轉到她手上。他坦承，倆人當時確實為愛沖昏頭，也因此承擔了處罰及痛苦。阿貝拉德內心矛盾：一方面想與海蘿莉絲保持距離，以免她受到傷害，另一方面卻又在茫茫人海中尋找她的身影。想到自己的所作所為把倆人搞到四面楚歌的境地，最後只能忍受失去她——不管是生理意義上或心理意義上。在痛苦的歲月中，阿貝拉德專心研究哲學與宗教，幫助自己忘掉這些心痛的感覺，恢復規律生活。阿貝拉德一直在懺悔，自我反省，當初怎麼會想要破壞海蘿莉絲的清白？他決定，就保持現在這種微妙且恰當的距離，避免因為愛情再次逾矩：他建議海蘿莉絲忘了他，把對他的愛投注在宗教上。他在信末告訴海蘿莉絲，如果自己真的死了，記得為他哀悼，也希望她死後願意安葬於自己身旁。

海蘿莉絲收到阿貝拉德的來信後回了我們稱為〈第四封信〉的書信給他。跟前面三封信的溫文儒雅不同，這封信口吻不太客氣，如果用現在的語氣說話，大概可以濃縮為：「老娘給你面子，你不要拿翹啊！是你拋棄我在先，你現在還敢拿這些理由來搪塞我？尤其你還沒死，竟好大膽子敢叫我準備幫你收屍？你到底有沒有考慮過我的感受？以前就在愛情上折磨我，現在還敢在情感上勒索我？對啦！我知道我的叔叔是個爛人，可是我沒出賣你喔！我跟你站在同一陣線，因為當年我就是這麼愛你，所以你最好搞清楚我對你的感情。」你可能會覺得，海蘿莉絲會寫得這麼誇張嗎？當然我們這邊略帶誇飾，但如果仔細讀這封信，真的能讀到這種味道：海蘿莉絲希望阿貝拉德不要放棄自己，也不要放棄治療——這裡的治療是指宗教意義上的心靈治療。她還是要求阿貝拉德可以在宗教方面給予適當的教導，並且讓兩人之間維繫情誼。這封信的結尾是「雖然天堂要我放棄對你的炙烈熱愛，但是我的心永遠無法同意這種戒律」——當然，你也可以意譯為「誰敢叫我放棄愛你，就神擋殺神、佛擋殺佛」。

阿貝拉德收到這封信後可能在想：糟糕，要怎麼回信才能平復海蘿莉絲的怒氣？在他猶豫之際，海蘿莉絲又寄一封書信給他，這封信即為〈第五封信〉。海蘿莉絲在信中抱怨阿貝拉德，自己這次真的要放下了。放下的原因與海蘿莉絲經歷的神聖啟示有關。當海蘿莉絲收到阿貝拉德的〈第三封信〉後生了大病，以為自己會死，她認為這正是神對她的懲罰與憤怒。她病重的已經看到人間走馬燈了！那時她把與阿貝拉德的情愛溫習了一遍：她發現現在的自己竟然如此邪惡，跟當初那個單純愛著大叔的高中年紀的女生不再一樣。她回想起當初在神面前發誓，回想起自己曾經如此深愛過，現在卻給予阿貝拉德那麼多不合理的要求與痛苦時，她深深覺得抱歉。現在，她願意放棄對阿貝拉德的感情，好好投身在宗教活動上，讓自己的生活重回正軌。她怨嘆自己再也無法享受與愛人相擁的甜蜜，但尊重阿貝拉德的選擇——不過她很擔心這輩子再也見不到阿貝拉德了（事後證明她是對的）。她出於尊重前夫的緣故，一方面請求阿貝拉德可以給她與修道院內的修女們教育上的幫助，一方面鼓勵阿貝拉德堅持研究與工作。

阿貝拉德這時可能覺得終於解套了，所以回了〈第六封信〉給海蘿莉絲。既然海蘿莉絲能將自己放下，一切就好辦了：阿貝拉德要海蘿莉絲不要再給他寫信了——這段感情一開始就是孽緣，我們徹底斬斷它吧！阿貝拉德承認這不容易，他現在不再恨富爾貝特把他喀擦掉，反而覺得是神使用這人給自己懲罰，好讓他不再沉溺於對海蘿莉絲的眷戀。不論愛情還是肉體欲望都是腐蝕靈魂的誘惑。所以他告訴海蘿莉絲：忘了自己，投身宗教，一切都會成為過去的。雖然餘生可能都在痛苦與懺悔中流淚，但他們走到這一步真的已經結束了！

過強的刺激帶來過大的懺悔

〈第六封信〉是兩個人之間的最後一封書信。沒多久，阿貝拉德於一一四二年過世，海莉蘿絲在一一六三或一一六四年過世。海莉蘿絲過世後真的如阿貝拉德希望般，被葬在他身邊。兩人的遺骸被移動了不只一次，不過，即便是在如法國大革命那樣的動亂年代中，兩個人的遺骸仍被完整地保存下來。據說兩人的遺骸日後被搬到拉雪茲神父公墓（Père Lachaise Cemetery）裡。依據傳統，戀人或失戀者會在他們的墓園留下信件以祈求自己能夠順利找到真愛。但也有人認為那僅是衣冠塚或紀念碑：阿貝拉德雖葬在此處，但海莉蘿絲的遺體早已移至別處。

阿貝拉德可能受到太大的刺激：畢竟不只是身體被切除了一部分，還成了當時巴黎社交圈的笑話。所以日後對肉體欲望的對抗不遺餘力，並且花很多時間研究人身體的欲望究竟從何而來，並告訴大家：欲望是一件非常恐怖的事。人在欲望的控制下，只能不由自主的受其指使，他曾經這樣描述：

我們明知一個女人已經結婚，但基於她的美貌而想與她同寢，此時我們希望的不是與她行姦淫之事，而是希望她還沒結婚。與之相反，有些人為了自己的名聲而渴望那些顯貴的女人，因為她們是大人物所擁有的女人，如果這些女人沒有結婚，他們就對其沒有興趣了；他們想與這些女性親密不是因為對她們有興趣，而是想要爬得更高。還有一些人，對於自己妥協於自己的

邪念或邪惡意志感到非常後悔，但出於肉體的軟弱，他們常被迫去想那些他們根本不願去想的事情。（《倫理學》卷一第3章）

面對這些欲望，阿貝拉德建議我們應該要節制。理性可以幫助我們清楚辨明哪些事該做，哪些事不該做——雖然阿貝拉德年輕時，他的理性並未發揮作用，但當他有一定年紀後，他克制住對海蘿莉絲的感情了。當然看起來，他大概受到極大刺激，所以在道德戒律上變得略為極端。雖說「不經一事不長一智」，但阿貝拉德付出的代價實在太大了。

阿貝拉德與海蘿莉絲的愛情不論在當時或現代，都是那種為了愛情可以什麼都不顧的典範：既是才華洋溢的老師與美麗聰穎的學生間的師生戀，又是中年大叔與年輕小女生的戀慕。兩個人的感情故事在西方相當有名，曾被多次改編為戲劇或小說內容。有時我們會好奇，兩人既然對彼此如此忠誠，儘管遭遇不幸，為何不乾脆好好在一起呢？或者不一開始就透過比較理性的方法，跟對方長相廝守？當然，如果阿貝拉德夠理性，或他的理性功能有發揮出來，或許今天我們所看到的愛情故事就不會那麼驚心動魄！可能在激情過後，他們體會到：真正的愛並非慷慨激昂，而是平靜中過著簡單規律的日子。我們也僅能猜想，如果當年他們兩人未被阻止與報復，而是順利成親，這樣的愛是否能繼續維持下去？會不會跟所有為了對抗世界而產生的激烈愛情一樣，一旦獲得也就失去了光澤？

3

你想從婚姻中看見什麼？

——基督宗教的比喻

每個人都想在婚姻生活中得到些什麼：也許是某種體會，也許是某種個人所能擁有（主觀）經驗帶出的體悟。基督宗教也不例外，從婚姻中看到各種不同面相，從而獲得體會。但對大部分人來說，基督宗教的婚姻有許多面向可能是難以想像的：婚禮被認為是聖禮的一種，曾被比喻為人與神的結合。在這兩個觀點上基督新教不一定認同，更在宗教改革時宣布不再將婚禮視為聖禮的一種，與天主教從此分道揚鑣。

嚴肅的多瑪斯與他嚴肅地把女人趕走的故事

曾經有一段很長的時間，婚姻被用來解釋或比喻為神與人的結合。對基督宗教來說，人與神的結合並非不可能：但即便神與人結合，仍各自保有各自的本性，人並沒有變為神。當人與神結合時人將會「看見」神。如果按照基督宗教最基礎的教義來說，這本是不可能的：因為神不是那種具有物質屬性，可以被我們看見的對象；且神的存在狀態又遠超過人所能理解的樣貌，所以人不可能「看見」神。基督宗教既然認為人與神能夠結合，就必須解釋什麼是「人與神合為一」的狀態。既然婚姻（包括其中的性愛）是人類所有親密結合關係中最為奧妙，也最難以清楚解釋的，再加上《聖經》中有一卷名為《雅歌》的詩歌，被認為是以象徵符號來解釋情感或婚姻。在這麼多前提的預設下，婚姻多用作象徵或比喻，並被拿來應用在人與神結合的關係上。

若研究中世紀基督宗教賦予婚禮的意涵：一是聖禮，二是被用來作為人與神結合的比喻。談到聖禮，多會提到多瑪斯．阿奎納（Thomas Aquinas）這位哲學家：雖然他是發了獨身之願的修士，在情感或婚姻方面實在沒有太多能說的——大概唯一能說的，是他19至20歲之間的一件插曲。當時他已經加入道明會（Dominican Order），他的家族對此極為不滿，一方面道明會為托缽修會，比較貧窮；另一方面由於家族是名門望族，無法接受從小栽培的孩子加入這修會，因此派出國王面前帶重兵、任騎士的親兄弟，在多瑪斯前往法國的半路將他綁回來。為了讓他徹底死心，家裡的人雇用妓女來引誘他，想讓他破除守貞的念頭。但當這名女性進入多瑪斯被軟禁的房間時，她卻見到一個熊腰虎背的巨漢拿著火把向她揮舞著，嘴中大吼「魔鬼滾出去吧！」──據說多瑪斯身高近二百公分，體型巨大到連桌子都需要挖一個洞以便放他的肚子。在這樣的情況下，妓女嚇得落荒而逃。沒多久，多瑪斯順利逃出家族的城堡，前往法國念書，日後成為中世紀極為重要的哲學代表人物。

這樣一個發願守貞的修士對聖禮的解釋卻成為後來理解婚姻的重要基礎。聖禮是一種象徵符號，象徵人的肉體與靈性彼此相對應。因為肉體已經墮落，靈性又需要被拯救，所以聖禮以一種能夠被看見的符號來堅定信仰作為。聖禮也是一種模仿的工作，模仿墮落以前，在伊甸園中的美好生活。多瑪斯這麼說：

> 聖禮對人類的得救是必要的，因為它們是無形可見之物的感性標記，人類藉著這些無形的可見事物獲得聖化。……在基督來臨以前，應該有某些有形可見的標記，使人用以證明自己對救主將要降臨的信仰。這樣的標記稱為聖禮。

我們可以理解聖禮的作用為：如果是一個符號，那麼透過聖禮建構的世界應該是「聖界—聖事—俗界」。這個結構表達了我們雖然身在俗界，卻能透過聖事與聖界溝通。以這方式理解，現世中婚姻的不完美性，其實需要透過將婚姻視為聖禮，讓人懷抱希望。我們不妨想像，婚禮進行時，基督宗教信徒所認為的世界是，所有受造物（不論物質或靈界的）都聚集在一起，慶祝兩個人像在伊甸園般，透過結合彼此委身。既然婚姻作為聖禮有如此崇高的地位，那麼若遇到逼婚的情況，多瑪斯主張那不是婚禮，就算在世俗法律前兩人訂下婚約，從神聖法律的角度來說這個婚姻仍然無效。當婚姻的其中一方不具完備的有效性（如被迫同意結婚）時，這婚姻不具聖禮的效力。與之相反，只有當事人真正同意——即便是有條件的同意——婚姻都具有效力：例如兒子不可因父親的強迫而結婚，因為兒子本身是自由的。如果他被迫娶一個不愛的女人，這婚姻應當被視為無效。

因為婚姻具有此象徵性，所以中世紀基督宗教的靈修神學才會透過婚姻比喻人與神的結合。此點可能與婚姻及性愛被認為是人世間最親密也最緊密的結合有關。透過這種特性發展靈修神學的哲學家中，最著名的當屬西班牙神祕主義大師十字若望（John of the Cross, St.）。

十字若望與大德蘭的忘年之交

提到十字若望這位哲學家，或更準確地說是基督宗教靈修學大師，讀者可能聽都沒聽過——通常只有天主教信徒才會聽過。一五四二年他出生於西班牙，本名 Juan de Yepes Alvarez。十字若望從小接受天主教教義的教育與薰陶，並在一五五九至一五六三年間進入耶穌會學院就讀。一五六七年十字若望正式成為神父，這位年僅25歲的年輕神父在自己的故鄉梅地納第一次主持彌撒，且在這年9月遇見聖女大德蘭（St. Terasa of Avila）。十字若望開始在心中構畫出理想的修道生活，總覺得較為緩和的加爾默羅修會不適合他，還為此思索著要轉到其他修會團體：與聖女大德蘭的會晤成為改變他的重要契機。

聖女大德蘭這一年52歲。出生於一五一五年的她，是家中13個子女中的一位。從小羨慕天主教傳講的永恆之福，所以思想前往異教徒地區尋求殉道的可能：儘管走到半路被叔叔遇見帶回。這麼虔誠的女孩也曾想要過時尚的生活，卻被父親送到修道院，並在20歲正式加入加爾默羅修會，在這段期間經歷到與神結合的神祕經驗——如果你看過電影《天使與魔鬼》，你可能有印象：羅伯・蘭登教授提到了吉安・洛倫佐・貝尼尼（Gian Lorenzo Bernini）所創作的《聖女大德蘭的神魂超拔》（Ecstasy of Saint Teresa）。雖身在加爾默羅修會，但此時修會內部會規、會務鬆弛，大德蘭認為應該要加以改革，卻遭到強力的反對。即便她一五六二年已受羅馬教廷允許，在亞維拉成立新制的若瑟修院，當地政府卻基於宗教與利益相關的理由廢止了。一五六六年，大德蘭的改革運動甚至造成修會內部權力鬥爭及分裂。直到一五六七年，兩件事的發生推動她努力進行改革：一是修會總會長在視察她的工作後認為改革非常有價值，而給她更大的權力進行工作；另一就是她遇到十字若望這個支持她的後輩。

按照史料記載，大德蘭一見到十字若望就知道此人是她的最佳夥伴。所以她說服十字若望，不用轉換到不同團體也可達到他所期望的修道生活，因為她正在推動修會的改革。就是這樣的會晤，把十字若望留在加爾默羅修會，並協助她推動修會的革新工作；甚至往後24年皆全然投入協助大德蘭。其實，這兩人的生長背景不同，受的教育不盡相同，但作品卻彼此互補（即便寫作的方式與風格大不同）——大德蘭平鋪直述說明自己的經驗，十字若望則是理論且系統的分析靈修經驗中感官與理智的運作——但這些著作對後世基督宗教的靈修者們產生很大的幫助。

十字若望確實在改革運動上扮演著重要角色，但這樣的投入也為他帶來極大的麻煩。一五六八年他和大德蘭前往巴亞多利（Valladolid）的修道院後，又被派往杜魯耶洛（Duruelo de la Sierra）建立新的男性修院，並作為加爾默羅修會第一間改革後的修會。這一年他正式被人開始稱呼為「十字若望」。一五七一年十字若望受大德蘭指定，擔任修會裡聽告解的職務。他不但勝任，且協助與指導大德蘭在靈修上達到「神婚」的境界——我們將在後面解釋什麼是神婚。

前面提到，一五六六年大德蘭的改革運動曾引發修會內部權力鬥爭，這個權力鬥爭最後的產物就是十字若望所遭受到的暴力脅迫。一五七五年反對改革者在義大利碧山城（Piacenza）召開會議，建立新的修會，當時反對改革派就曾以暴力武裝方式脅持十字若望。此事後來被教廷獲知並出面協調，十字若望因而獲釋且恢復原職。但在一五七六年，一群反對改革的神父與武裝教友再次綁架十字若望，且因為他拒絕放棄改革而將其軟禁並施以虐待。他被軟禁的地方原本預計用來作為大型櫥櫃，高度約三百公分，寬度約一百八十公分，還沒有窗戶。反對改革者為迫使他就範，每周只供應三次晚餐，且需要跪在餐廳的中央吃，吃完後再由修士輪流鞭打。一直到8月中奇蹟似的離開這裡，逃往加耳瓦略（El Calvario）。這段期間對十字若望的最大影響是：為消磨苦難時間，他在心中編寫並背誦《黑夜》（*The Dark Night*）這首與神祕經驗有關的詩歌，且身體與健康持續遭受巨大傷害。

即便順利離開，但一五七六年後的十字若望也沒有因此過得較輕鬆：他繼續夾在改革與反對派的權力鬥爭間，所以即便改革派選他為某個修道院的院長，也可能受到反對改革派的罷免或反對。一五九一年舊部屬因對他懷恨在心，刻意蒐集資料要將他從位置上拉下來。最後因那年十二月底十字若望的過世而不了了之。這位靈修神學的重要代表人物過世時僅有49歲。

你可以想像婚姻就是個象徵符號

按照十字若望留下來為數不多的著作與信件（翻譯成英文版，全書也不到九百頁），他透過婚禮比喻人神關係，並認為婚姻是人世間對這種神祕經驗結合最為恰當的比喻；雖是最恰當的比喻，但嚴格來說仍無法真正表達這親密關係。十字若望透過三種狀態描述並比喻這種結合，分別是靈性訂婚、神婚與榮福婚禮。按照順序推進，越後面的越重要。

我們其實很難想像這三種被冠以婚姻之名的「境界」。即便十字若望用各樣的方式來描述，但這境界已超過我們所能直接經驗和理解。在靈性訂婚的階段，就好比情侶感情到達一定程度，準備相守一生，決定訂婚般，靈性訂婚也被用以描述人對神的愛到了某程度，決定將自己完全獻給神。從這個階段開始，人可以「看到」或經歷到許多超自然與超越感官的事物，包括可能得以「看見」神自己。接下來進入神婚階段：一般情侶在訂婚後會進入結婚，相同的情況也適用於人與神的結合。人與神的關係也將邁入婚姻階段，只是以「神婚」稱呼它。一個基督徒信仰的最高峰，可能就是神婚的階段：

好比未婚夫妻雖然甜蜜，但總覺得差了一點感覺；靈魂與神的結合也需要進入到婚姻的階段，也就是人將自己毫無保留全部獻給神的狀態。之所以要用神婚，也就是婚姻的概念來比喻人與神的結合，是因為性的結合是人類此生中所經歷最親密也最熱烈的關係，既具有肉體上的歡愉，又帶有心理層面上的滿足。最高等級的婚姻比喻則為榮福婚禮，不過十字若望告訴我們這已非今生所能經歷，而是人離世後靈魂才可能體會到的景況。

為了幫助我們理解這些看上去抽象且難以理解的情感狀態，十字若望用了許多詩歌來比喻或說明。例如十字若望在《靈歌》這首長詩的最後一節中就曾描述最後那最完美的景觀究竟為何：

悄無所見，
亞米納達也沒有出現；
城垣平靜安寧，
觀望諸水，
騎兵降臨。

這一小節的詩正好呈現出神祕主義為何需要透過婚姻與愛情來表達人與神的結合，此外這一節詩也讓我們看到神祕主義為何總是被認為難以理解，甚至是語言怪誕荒謬。十字若望自己註解這一節詩時指出，此時人的靈魂已經超脫萬物的束縛，靈魂最大的敵人——魔鬼——已經因為神的恩典被趕走，感官運作也不再受本性控制，反而能真正享受與神結合的歡愉。你可以想像兩位深愛對方而願意將自己委身給對方的情人，在親密接觸並結合時眼中只有對方的那種深層之愛與想占有對方的熱烈情感嗎？或者我們可以從反面來看，當情人結合時腦海卻想著第三者，會是多麼煞風景或不浪漫？這也就是為何十字若望要用愛情、婚姻，甚至情人間的性結合來向人描述，人與神的結合究竟多麼浪漫。這一刻，靈魂所渴求的就只有神，一如深愛彼此的情人在結合時眼中只有對方般。

馬丁路德與加爾文：反抗天主教，乾脆就來結婚吧！

中世紀認為婚姻是聖禮的一種，但是這個觀點不存在於基督新教。從馬丁路德（Martin Luther）與天主教教會分家後，基督新教一直著重神與人之間關係的探究。馬丁路德認為，從耶穌基督直接設立的聖禮，僅有洗禮和聖餐，因此他並未特別針對婚禮加以討論。到了加爾文（John Calvin）態度更加明顯：他直言反對天主教視婚禮為聖禮。不論馬丁路德或加爾文，皆結了婚且生有孩子，此點似乎是在與天主教將婚禮視為聖禮所帶出的一種狀況相抗衡：天主教內，不論男性女性，其靈魂都可作為神的妻子，也可在現世守住獨身。

馬丁路德是我們熟悉的宗教改革者。年輕就加入奧古斯丁修會且未考慮過婚姻。在和天主教決裂後雖然鼓勵修士與修女回歸婚姻生活，但他擔心若自己結婚，就必須冒著因為被天主教處死而讓妻子成為寡婦的風險，所以一開始並沒有打算成婚。在他鼓勵修士修女結婚時期，曾將12位修女透過運送鮮魚的馬車順利帶離修道院。12人中有3位回到原本的家，9位被送到馬丁路德那裡安頓。他順利地安排其中8位結婚，只剩下凱蒂（Katharina von Bora，一四九九～一五五二）一人尚未講定親事。馬丁路德其實安排好了，但對方拒絕。最後凱蒂嫁給馬丁路德。馬丁路德的婚姻和我們今日非常相似：兩人各自用擅長的方法維持家庭。馬丁路德住的地方原本是間修道院，他出租給學生以增加家庭收入；凱蒂擅長理財與整理，並開闢空地做為菜園或養殖的地方。兩人婚後生了六個孩子，其中兩位早逝。

至於加爾文的婚姻，也是在平淡無奇中帶有順理成章的意思。一五三八年，他第一次因信仰之故離開日內瓦，前往斯特拉斯堡（Strasburg）的法國教會擔任牧師。在這裡他認識了史多德（Storder）和愛德萊特（Idelette）夫婦。一五四〇年，因為瘟疫，史多德先生過世，加爾文也因疫情之故暫時住進愛德萊特的房子。加爾文的朋友們不斷鼓勵他結婚——他的擇偶條件很簡單：貞潔、不挑剔、勤儉、有耐心、願意照顧他健康的女性——卻始終沒有遇到對的人。這段期間他曾與幾位女性有過論及婚嫁的可能，包括一位願意婚後好好學法語的女性（加爾文的母語是法文），還有一位富有但名聲不太理想的女性，最後加爾文都拒絕了。有天朋友突然問他，覺得愛德萊特如何，加爾文這才意識到這位大他9歲的女子，兩人很快地墮入愛河，並在幾個月內結婚。

加爾文與愛德萊特的婚姻幸福而美滿，雖然愛德萊特曾因為加爾文的宗教改革，被迫與他一同逃亡。加爾文一直認為愛德萊特是他最好的夥伴，尤其這段時期新教在歐洲各宗派間的爭議不斷，使加爾文精神上的痛苦倍增；即便在苦難中，愛德萊特仍陪伴著他，並成為他最好的後盾（正好印證了「每個成功的男人背後都有一位偉大的女人」這句話）。一五四二年兩人終於迎來自己的孩子，可惜這孩子早夭；一五四四年迎來女兒也早夭。即便這些遺憾與痛苦穿插在婚姻中，但兩人仍繼續用他們所擁有的一切來服事信徒，包括那些受宗教逼迫逃難的人們。

兩人的婚姻僅僅維持到一五四九年，愛德萊特過世了——兩人的幸福婚姻僅維持了10年。加爾文每天持續辛勤工作，且無間斷地履行教會賦予他的職責（這點被對手攻擊他無情），但他的內心卻因愛德萊特的離去感到極度憂傷。他告訴朋友，他必須不斷工作才能讓自己不被悲傷吞噬，而且如果沒有神的幫助，他早已被這樣的悲傷壓垮。在未來的15年裡，時間雖然慢慢將憂傷減緩，但他仍期待和愛德萊特在天堂重逢：直到一五六四年他過世為止，他未再娶或對哪個人動心。

不論馬丁路德或加爾文，都對天主教把婚禮當作聖禮的做法表達反對。加爾文認為，會把婚禮當作聖禮是因從希伯來文與希臘文翻譯成拉丁文時的錯誤造成，再加上後來註釋者們的錯誤理解及引用，最終導致天主教忽略婚姻在聖經上不具有作為聖禮的支持。加爾文的處理具有他對抗天主教的時代背景，但也是從他之後，基督新教雖然認為婚姻是終生大事，卻不具聖禮性質。

縱使婚姻不是聖禮，基督新教還是認為婚禮具有重要象徵符號的意義。歷代的要理問答或信條都可證明這種象徵意義的重要性，例如《威斯敏斯德大要理問答》（*The Westminster Larger Catechism*）中提到：萬物都置於神的治理之下，在此情況下，神設立婚姻是為了要夏娃幫助亞當。另外，該問答（基於所處時代背景）為維護婚姻的重要性列出18項禁止行為，包括所有不合一夫一妻婚姻內容的行為、同性戀，以及所有違反天性的色欲。《威斯敏特信條》（*Westminster Confession of Faith*）討論婚姻時則認為「婚姻制度的設置乃為夫妻的互助，按正道生兒養女，繁殖人類，增加教會聖潔的後裔，並防止汙穢不潔。……婚約之後所犯的通姦或淫行，如在結婚之前被發現，清白者的一方乃有解除婚約的正當理由。結婚後犯姦淫，清白者一方可以提出離婚，並在離婚之後，視犯罪者一方如同已死，與他人結婚乃認為合法。」即便是現代的基督新教，雖不將婚禮當作聖禮，卻仍看重其進行。例如宣道會就規定：「主任牧師職責除同牧師外，並為長執會擔會友大會之大席，主持聖禮（洗禮、聖餐），主領喪喜事儀禮。」之所以如此，是因為基督新教相信婚姻制度如同回歸伊甸園時的美好，那時神把夏娃帶到亞當面前時，亞當的心才得到真正的安慰——婚姻的美好也被視為是神賜給人的美好禮物。馬丁路德與加爾文的婚姻成為現在基督新教對婚姻或夫妻關係理解的典範：兩人用各自的方式維持家庭，因為家庭是兩個人與孩子共同所組成的。

當基督教遇到同性戀的支持朋友

現在新的問題出現了：我們前面所討論的婚姻或婚禮，都是一男一女組成的。但當代新的情況是，同婚的存在對基督宗教產生一定程度衝擊，畢竟基督宗教對婚禮的概念與組成，似乎容不下同婚的可能性。確實，有一些教會在此採取較自由開放的態度，但傳統基督宗教（特別是以福音派或靈恩運動為主的基要主義）對婚禮的理解是否會產生變化呢？

坦白說，沒有。因為不論反對或贊成的人似乎都忽略了基督宗教的核心？以反對方來說，反對同婚的態度似乎以為全世界的罪只剩下一條，就是同婚；但就支持方來說，有些認為反對方缺少多元包容的同時，恐怕自己也未必能多元包容——如果多元包容就是接納理性討論的反對意見，而非排除所有跟自己不同意見的反對者。就教理而言，所謂「同性戀是罪」乃指宗教教理意義上的，原因是這並非神起初創造的心意。但任一個人想和對方在一起的這種期望，也反應出原初創造時那種對配偶或伴侶的需求。基督徒在面對新的挑戰時，態度或許應該是認定：若同婚朋友願意進行婚姻輔導還是合宜的，因為同婚基本組成結構仍是兩個人。基督徒與同志朋友亦可共同敬拜，因為當基督徒要指稱同志朋友為罪人時，他必須先承認自己就是個罪人。所以若有基督徒拒絕與同志朋友一同敬拜那是驕傲：他忘了唯有真正看顧自己的弟兄才符合基督之教訓。所以當教宗方濟在二〇二〇年十月底接受同婚為民事結合時，我們可說那確實是一種對現世需求展現出的慈愛。

上面的文字並不討好：不論支持或反對的讀者都可能感到不舒服。但嚴格來說，當我們說婚姻在基督宗教中被視為比喻時，上面的理解或討論就是可能的。上帝在伊甸園訂下的人際關係受到罪的影響，沒有人能說自己不是罪人。但我們為什麼需要婚姻？因為那是現世中一種對「什麼是在真愛中接納彼此」的體驗，體驗當初神創造人的那種神人的密切交融。對一夫一妻來說如此，對同婚朋友來說也是如此。

你到底想在婚姻中看到什麼？

如果婚姻是一個比喻而不只是一種儀式或生活的方法，我們究竟能在裡頭看到什麼？畢竟婚姻作為一種實際狀態，被許多人拿來形容各種人生百態。天主教視婚禮為聖禮之一，更用來比喻人與神的結合。基督新教雖然並沒有將婚禮視為聖禮之一，但對婚姻與感情的研究及討論卻比天主教更多、更詳細——從為自己的情感婚姻禱告，到挑選對象，到約會及感情的教導，以及婚後生活的相關資訊，都有研究與出版品。我們或許可以這樣解釋，當婚姻與宗教相遇後，婚姻的豐富性總能讓宗教從當中找到各種材料與元素。所以當我們想從婚姻中看見什麼時，或許是因為我們已經（在宗教內）看見了，所以才在婚姻中尋找相對應的素材。

4

你能否接受年歲相差甚大的姊弟戀？

──盧梭

有些人在情感中傾心年長的對象：不只差個三四歲，更有可能相差到十歲以上。我們對姊弟戀的態度或許持著「青菜蘿蔔各有所好」的態度，但在哲學界中確實存在著因姊弟戀而聞名的哲學家，就像是盧梭（Jean-Jacques Rousseau）。雖然我們更多地認識他是因著天賦人權，或是那本連康德（I. Kant）都讀到忘記出門散步的教育哲學小說《愛彌兒》（*Emile*）。

一七一二年，盧梭出生於日內瓦的新教家庭，當時日內瓦是獨立的民主共和國，在此背景下，盧梭從小耳濡目染對自由的渴求。他出生沒多久，母親便過世了；而父親牽連到一樁官司必須離開日內瓦，因此他在十歲時便搬至波賽爾村，並寄宿於朗拜爾西埃家庭。這些故事可透過他的自傳（或可說是自白）《懺悔錄》（*Confessions*）來理解。盧梭撰寫自傳時已屬晚年，受到健康與被迫害的影響，當時的他並不順遂。在如此情況下撰寫自傳究竟是「人之將死，其言也善」，還是因妄想而寫出符合自己期望的過往回顧，我們並不清楚——雖然我們原則上還是認為當屬前者。另一方面是自傳中盧梭描述自己這一生如何深受三位女性的影響：朗拜爾西埃小姐（Miss Lambercier）、華倫夫人（Françoise-Louise de Warens），以及他的親密愛人瓦席兒（Marie-Thérèse Le Vasseur）。

朗拜爾西埃小姐：欲望培養從小開始？

當30歲的朗拜爾西埃小姐教導年僅8歲的盧梭時，他就已展露出那種對年長女性的戀慕。他會因無法回答出有關學習內容的問題而羞愧，但更令其羞愧的是她的表情：他害怕看到朗拜爾西埃小姐難過的神情。朗拜爾西埃小姐會處罰小盧梭，所以對盧梭來說，她既是慈愛的母親亦是有威權的母親。一開始朗拜爾西埃小姐進行處罰時，盧梭會感到害怕，但久而久之，這樣的體罰卻讓盧梭更愛對方，甚至在被處罰時因能感受到某種異樣的快感，以致更加希望受到她的責打。本來受處罰應該是羞愧的，但盧梭卻利用這樣的機會明知故犯以換取被責罰的機會——後來朗拜爾西埃小姐覺得責打太累而不再體罰。對盧梭而言，朗拜爾西埃小姐的處罰決定了他爾後的性欲與癖好，甚至坦承有段期間當他注視某些女人時，心裡都期待著這些女人能如朗拜爾西埃小姐般鞭責他。

愛好年長女性的傾向在盧梭搬回日內瓦時已經形成。因著父親的好人緣，盧梭得以結交許多朋友。其中德．維爾松太太對他疼愛有加，她22歲的女兒還把小11歲時的盧梭當成小情人。盧梭坦承自己很愛這個大姐姐，但僅敢在腦中幻想著。同時間他還與名為戈登的女孩在一起，不過比較像是為了報復維爾松：盧梭發現維爾松只是將他當作風流韻事的掩護。日後維爾松曾專程拜訪盧梭，雖說是為了辦嫁妝而來，嫁的卻不是盧梭。盧梭對此懷恨在心，日後碰到維爾松時還故意掉頭離開。

華倫夫人：迷人卻又讓人心碎的熟女

盧梭成長期間同時學著幾項工作：包括與法律相關的，或是擔任工藝學徒——尤其在擔任學徒期間，盧梭自稱被折磨得根本無人認出他是誰；這段期間他也沾染許多連自己也厭惡的惡習。日後因一次出外遊玩忘記時間，盧梭被困在城門外，他藉此離開，想透過關係引薦到一間莊園擔任僕人（能被主人寵幸也無妨）。途中他遇到彭維爾神父，經由神父推薦前往安錫（Annecy）並拜會華倫夫人——影響他一生的女性。

華倫夫人出生於一六九九年，一七二六年因生意失敗與丈夫離婚，一七二八年與當時年16歲的盧梭相遇；華倫夫人的生活頗多爭議，包括被認為是生性放蕩的女性，也是揮金如土的金主。但她藏書豐富，享受音樂，身邊不乏受過良好教育的仕紳名流，以及一些神職人員。這樣的她和盧梭相遇，造就盧梭日後良好的教育。初遇華倫夫人時，盧梭因為擔心自己無法獲得青睞，特別寫封文情並茂的書信，加上彭維爾神父的信件，想讓夫人接受他。一七二八年他第一次和華倫夫人相遇：他原本猜想夫人不過是個老太婆罷了，沒想到是位令人一見鍾情的美人——說一見鍾情是正確的，因為盧梭自己表明，他一見到華倫夫人就對這位風雅卓越的年長女性愛戀傾心。（他在《懺悔錄》中甚至挑戰那些不認為有一見鍾情之事的人。）盧梭進入華倫夫人家後，一開始夫人先是選擇讓盧梭出外至義大利杜林（Turin）學習。這段學習期間發生不少事，包括信仰上的搖擺：是要繼續當新教信徒？還是要成為天主教徒？亦曾遇到男同志對他獻殷勤，想與他在一起，進而對他加以猥褻。最終盧梭選擇成為天主教信徒，並暫時在杜林旅遊。

旅遊的過程中，盧梭結識巴西爾女士（Madam Basile），並在她的店裡工作。巴西爾女士雖然和盧梭關係親密，卻又始終與其保持距離——盧梭對如何拿捏兩人距離又窘又迫，加上自己對巴西爾女士頗有好感，所以拿不定主意要如何處理。最親密的一次接觸是在因緣際會下，盧梭趴在巴西爾女士的膝上撒嬌與親吻她的手。之後或許因擔憂流言蜚語，巴西爾女士對盧梭保持冷淡態度，加上店裡其他夥計對巴西爾先生提出讒言，盧梭被辭退了。《懺悔錄》中對這件事的描述是：「我平生第一次愛情經歷就這樣結束了。」

盧梭後來透過他人介紹來到富有學養的維爾賽里斯伯爵夫人（Madam de Vercellis）家中擔任代筆的工作：維爾賽里斯伯爵夫人身患腫瘤，無法親自執筆。雖然兩人嘗試以朋友的方式理解對方，但夫人在態度上相當保留；加上此時身邊覬覦財產的親人多，所以盧梭對夫人始終保持著敬重。這段期間發生幾個小插曲：盧梭曾偷拿一條女性絲巾，卻誣賴給家中女僕——盧梭在《懺悔錄》中深切表達自己的懊悔，也在臨死前最後一部作品《一個孤獨的散步者的夢》重提此事表達歉意。從伯爵夫人家離開後也曾因年輕氣盛，向女性暴露身體被抓，但靠著機智（其實就是冷靜的扯謊）安然脫身。

接下來盧梭回到華倫夫人身邊：剛開始盧梭感到緊張，但夫人的接待卻讓他安心下來。華倫夫人為他安排房間，盧梭認為要開始過幸福日子了。盧梭這麼形容華倫夫人對他的影響：

如果一個人生來就富有情感，他仍可能一無所感，不曾體會自己的生命茫然而逝。在此之前，我差不多就是這樣的人；此外，如果我永遠沒有認識到華倫夫人，或者即便認識她卻沒有在她身邊長久生活，沒有感受到她對我的溫柔情感，我恐怕永遠都是這樣的人。

盧梭真心喜愛這段與華倫夫人在一起的時光：從《懺悔錄》中的細節描述可看出來。兩人互相以「媽媽」和「孩子」稱呼對方：儘管盧梭以媽媽稱呼對方，但他也清楚自己對夫人的愛還包括著男女間的情愛關係。他記載與夫人間的相處，從開始時就是令人神往的姊弟戀，那種純潔又想占有對方的深情。只是這樣的感情，沒有多久就變質了。

坦白說，盧梭對華倫夫人的愛強烈到令人不舒服的地步：他以隱諱的方式說明如何邊想著華倫夫人邊解決自己的生理欲望。他會親吻華倫夫人睡過的地方、摸過的東西，甚至開玩笑地讓華倫夫人將肉吐出後，自己再搶過來吃掉。對盧梭而言，華倫夫人既是母親，也是姐姐，更是親密愛人；他會朗讀書本給華倫夫人聽，也聆聽夫人講述宮廷往事。這段期間華倫夫人持續訓練盧梭寫作及思想的能力，將他安排到修道院裡學習——學費由華倫夫人負責。當時盧梭思念夫人，特別帶著夫人教導他的樂譜前往修道院以表慰藉。這段學習並不順利，修道院裡的院長與教師失去教導盧梭學習的耐心，把他送回夫人家。不死心的華倫夫人又再次將他送去學音樂，這次學習終於有進步了。

這段時間發生個插曲：華倫夫人為了謀求政治勢力的幫助，暫時離開安錫前往巴黎，此時在宅中打理的是夫人的貼身女僕，比盧梭略長的默爾塞赫：盧梭先和默爾塞赫交往，爾後還跟她的朋友及其他多位女性有所來往。不過盧梭堅定地認為，他心中仍是愛著華倫夫人的。他曾專程前往巴黎尋找夫人——不巧，抵達的前兩個月，夫人已經離開。幾經波折，兩人不但重逢了，盧梭甚至得到為國王工作的機會。此時是一七三二年，盧梭已經20歲，他與華倫夫人的關係也產生變化：盧梭以隱諱的方式描述華倫夫人對他表達兩人間的關係應該更進一步，沒多久，兩人的關係就真的「更進一步」了！

盧梭不是在辦公室工作，就是在華倫夫人的家裡。這裡的居住品質與安錫的豪宅不同，相較之下非常糟糕。華倫夫人為了自己的利益暫時無法離開，而且與自己在這的僕人阿奈（Claude Anet）有著親密關係。盧梭雖然心情不好，但心中想著華倫夫人能夠幸福，自己的心情也稍微好過一些：這樣的生活維繫到一七四一年盧梭前往巴黎發展以前。這期間三人同居的生活確實成形，卻越來越辛苦，尤其是在阿奈過世後更是變本加厲。華倫夫人不懂節制，阿奈在世時多少還能勸告她；阿奈離世後，盧梭根本不知道該怎麼辦。華倫夫人心中有各種賺錢的計畫，但大多是紙上談兵；有許多人因為知道她的計畫特意前來拜訪——盧梭認為這些人不過是來騙吃騙喝的。為此他與夫人之間漸行漸遠：即便外在表現仍親密，內心卻逐漸累積懷疑；即便懷抱著夫人，心裡卻仍想著其他女性。盧梭身體因積勞成疾出了狀況，夫人卻用自己獨特的宗教理念鼓舞盧梭，兩人的差異越是明顯。他是理性的，但她卻透過詭辯形成獨特的信念。為了幫盧梭養病，兩人暫時搬至鄉間，這段期間兩人感情曾經回溫，盧梭也曾在書中描述親密時光。通常他比華倫夫人早起，出外散步回來後，若夫人起床了他會到床上向夫人撒嬌，不然就是讓夫人繼續睡著。早餐愉悅的交談後，盧梭便開始大量閱讀。午後則和華倫夫人略為享受田園時光。

情人可以更換，但媽媽只有一個

至鄉村養病並沒有讓盧梭較健康，狀況甚至變得更糟。有人提及蒙佩利爾（Montpellier）的醫師可以為盧梭治病，所以盧梭帶著華倫夫人的期待出發，希望獲得醫治。旅行途中，盧梭與拉爾納日夫人（Madam de Larnage）有過短暫的戀情；期間也曾因為收到華倫夫人的來信，對自己尋歡作樂的行為感到內疚。拉爾納日夫人不只是自己和盧梭有著親密關係，甚至還想介紹女兒給盧梭。但盧梭一想到華倫夫人對自己的付出，想到家裡的負債，心裡就覺得虧欠。他決定不再停留於拉爾納日夫人身邊，並暗暗立志要專情於華倫夫人——可惜當他回家時，發現自己的地位已被另一個年輕人取代。這個年輕人對農務在行，即使他只是為求表現熱心勤快而已，但對華倫夫人來說可比盧梭更具吸引力。華倫夫人認為盧梭不在乎家務，亦時常出外旅行，而想要讓這年輕人取代盧梭的地位，盧梭寫下非常憤怒的評語：「她就好像一個情欲強烈的女人，急於填補心中的空虛」。兩人分歧非常嚴重，盧梭認為華倫夫人誤解他，華倫夫人又只是將盧梭看作為孩子。盧梭雖然仍將華倫夫人的幸福視為第一要務，同時也發現自己只能將她當作媽媽，無法做情人——盧梭自己寫道：「從這一刻起，我就只用真正兒子的目光注視我所深愛的媽媽」。

華倫夫人的小鮮肉常與盧梭發生衝突，之後更將衝突的不悅轉嫁給夫人，甚至將守備範圍延伸到一位年老女僕身上。盧梭為了華倫夫人的幸福，本來還打算忍氣吞聲。但漸漸地，他發現華倫夫人表現出不再愛他的樣子，態度也日益冷淡。這或許又是另一個誤會，因為按照盧梭的說法，這段期間基於對華倫夫人的尊重，盡量克制著自己對她的情欲；但華倫夫人似乎認為盧梭透過性事的冷落來報復她，遂跟小鮮肉更加親密。盧梭心灰意冷下，想要離開這個家另謀出路，沒想到華倫夫人不但沒有反對，還熱心的為他介紹前往里昂（Lyon）的機會。盧梭離開後，曾短暫希望跟華倫夫人重修舊好，只可惜令他失望了：華倫夫人更加奢華，以致盧梭能預見這個家未來破產的景況。住在他與華倫夫人曾經生活的屋子中也只是讓盧梭更加傷感。他下定決心前往巴黎，這次是真的要離開了。

我們在此先交代這對姊弟戀情侶之後的發展。盧梭在成名後曾經與華倫夫人有過書信往來，並在一七五四年帶著那時的親密愛人瓦席兒與華倫夫人重逢。盧梭其實是重情重義的人，畢竟華倫夫人曾有恩於自己，那次重逢他和瓦席兒表示願意供養華倫夫人，不過遭到拒絕。華倫夫人已不復當年風采：她承受巨大的經濟壓力，雖保有國家所給的年金，但一毛錢也未到她手上。華倫夫人於一七六二年過世，一如盧梭所預測到的，她是在貧困中離世的。但盧梭直到一七六八年才得知，並給出「華倫夫人其實是離苦得樂」這樣的評語。對盧梭來說，華倫夫人對他的影響是一輩子的：在她的資助下，盧梭才能順利獲得充分教育，得到高深的學問。只可惜華倫夫人日後的冷淡傷透了盧梭的心，讓他決定要走上不同的人生方向。

結婚，這次娶了小妹妹

華倫夫人帶來的情傷並不能阻止盧梭在愛情上的追求。一七四五年，盧梭開始新的感情生活，對象卻是年輕的小女生而非熟女。

當時盧梭33歲，他在巴黎與當時只有24歲的瓦席兒開始交往。瓦席兒出生於一七二一年，是個女僕。與她相遇時，瓦席兒正在盧梭住宿的旅店負責洗衣，其父母原本擔任政府公職並且經商，後來因遭政府逼迫緣故，家庭被整肅，才搬至巴黎謀生。盧梭與她之間日久生情：一開始盧梭並未想與這個女子結婚，後來盧梭發現自己需要一段感情替代對華倫夫人的思想，再加上他覺得自己有了瓦席兒能獲得暫時的最大幸福，兩人便走到一塊。

盧梭對這個與他相伴三十多年之久的伴侶毀譽參半：盧梭曾想培養瓦席兒的閱讀能力，但即便瓦席兒看得懂字也會寫，卻始終不喜歡讀書。盧梭嫌棄她對數字生疏，無法判讀鐘錶上的時間刻度；總之，這個女人對財富或錢財毫無概念，思想與觀念狹隘，外表既呆板又蠢。但這個讓盧梭嫌棄的女人，同時也是他筆下那位能提出好建議，甚至能將他從盲目困境中救出的另一半。在王公貴族面前，瓦席兒的談吐與態度總能贏得極佳風評。盧梭對瓦席兒的態度，我們不妨視為是老夫老妻間的抱怨吧。許多老伴會抱怨自己的另一半一無是處，卻始終和對方扶持到終老，這就是盧梭與瓦席兒的狀況。雖有抱怨，但他對瓦席兒還是帶有敬意。雖有敬意，但仍在《懺悔錄》中指責瓦席兒（與岳母）不給他一家之主的權力或尊敬。盧梭最終不曾離開瓦席兒，瓦席兒亦在一七四六至一七五二年間為他生了五個孩子。雖然盧梭沒有離開，但兩人的感情又不似浪漫的愛情，尤其和華倫夫人相比下更是如此。前面提到一七五四年那次和華倫夫人的重逢，盧梭特地請瓦席兒帶些錢去。當時華倫夫人僅剩下手上的戒指，卻仍將它摘下送給瓦席兒。不過瓦席兒退還了。

若說盧梭與瓦席兒在感情上有什麼問題，問題就出在瓦席兒的母親身上。這個岳母總是對自己的女兒指指點點，或是教導不佳的夫妻相處之道：像是不跟盧梭說實話，甚至在盧梭的朋友面前適時挑撥離間等等。盧梭認為，正是自己的岳母一再破壞夫妻間的純樸關係。瓦席兒的母親接受盧梭的接濟後，又將親人帶過來——盧梭對於這些親戚評價都不高。瓦席兒自然是接納母親的，盧梭也秉持只要瓦席兒好自己就滿足的心態。但是卻對這個岳母越發無法忍受：她收受外人禮物，甚至想要聯合外人把瓦席兒帶走。瓦席兒當下沒有同意，卻也為母親保守祕密，以致日後盧梭知道後非常不滿。

盧梭與瓦席兒之間的情感在一七六八年有了正式的結果。盧梭此時來到布爾關雅利厄（Bourgoin）居住，也是在這年兩人舉辦簡樸的結婚儀式：沒有豪華婚禮，僅有兩位證人在旁見證。一七七〇年夫婦二人搬回巴黎，這段期間盧梭友人們對瓦席兒的控制欲望不敢苟同，給了她相當負面的評價。一七七八年，盧梭生了重病。那年五月他前往埃爾芒翁維爾（Ermenonville），接受吉拉爾丹伯爵（Marquis de Girardin）的招待，不過僅待到七月就過世了。瓦席兒雖然住在那裡，但一七七九年就花光積蓄而被迫離開（此點頗符合盧梭對她沒有錢財管理概念的描述，果然是老夫老妻了解彼此）。同年十一月，瓦席兒改嫁給吉拉爾丹伯爵的僕人。基於經濟困頓，她出售盧梭的手稿換錢。席瓦兒改嫁後一直過著窮困的生活：即便每年能領取各樣津貼或稿費，仍入不敷出，並且嚴重酗酒。席瓦兒於一八〇一年過世。

你這個傢伙到底想跟多少人在一起啊？

盧梭確實是個多情種。雖然《懺悔錄》的真正重點在講述他的一生，並以坦白的態度面對自己的過錯，但從中我們會發現內容多有各種與情欲相關的描寫，以及愛情故事——這些描述偏向隱晦，若以直白方式說出來，情節曲折離奇堪比情欲小說。以下將各卷提到的愛戀對象加以列表：

卷一：朗拜爾西埃小姐、德．維爾松夫人22歲的女兒（日後嫁人後稱呼為克里斯丹夫人）、戈登小姐。

卷二：華倫夫人（從卷二至六中反覆提及）、猥褻他的（男性）摩爾人、工作地點的巴西爾太太。

卷三：工作地點的布萊耶小姐。

卷四：家中女僕默爾塞赫、默爾塞赫的友人吉羅女僕、格拉芬麗小姐、嘉莉小姐，兩次受到男性追求或引誘。

卷五：拉爾太太（華倫夫人判斷此人對盧梭有不良動機）。

卷六：拉爾納日夫人、馬里布夫人。

卷七：賽爾小姐，杜賓夫人，卡塔尼奧，在威尼斯時因緣際會尋花問柳的潘多阿娜及朱莉達，瓦席兒。

卷八：一次尋歡問柳的經驗（盧梭說是最後一次）。

卷九：烏德拖夫人。

卷十：韋爾德蘭夫人、布弗勒夫人（國王的情婦，盧梭與她差點發生事情，你看盧梭到底有多大膽或多情欲衝腦）。

你可能心裡在想：等一下，這是在開玩笑嗎？盧梭是想收後宮是不是？同時間跟好幾位女性周旋調情，不是渣男就是日本某些輕小說裡面的男主角吧？我們對此還是秉持「人之將死其言也善」的態度，相信他只是在懺悔（而不是炫耀）。這些林林總總的愛戀對象豐富了他的人生，卻也讓他吃足苦頭。卻也是在這樣的背景下，他的著作內容豐富並震撼那個時代。尤其是《愛彌兒》這部教育小說，彷彿看到他理想的成長縮影。

盧梭的精彩人生可能與他對人的觀念有關：盧梭認為「人類是理性的，

人性是善良的。但人類慘遭社會制度敗壞而失去本真」，這種主張可以在《愛彌兒》這本小說中看到。在這本討論教育觀念的小說中，我們彷彿可以看見一步步長成的盧梭。小說描述一個孩子應該在什麼樣如何的景況中被逐漸撫養長大才能真正成為對社會與國家有所貢獻的人。盧梭心目中理想的孩童成長過程應該是這樣：

12歲以前的愛彌兒，應該生長在充滿自然的環境內，透過自己的感官充分學習各種人事物並累積經驗。這段期間父母不要一副「別輸在起跑點上」的態度，而是應該用消極的態度讓愛彌兒慢慢學習；這段期間也別強迫孩子學讀書寫字，甚至不要把自己的觀念強加在孩子身上。父母的工作是陪伴，且在陪伴中觀察孩子的需要以便理解每個孩子天生的特質。有人會認為，這樣孩童不就欠教訓了嗎？盧梭認為正是孩子的天性，透過這種天性，透過對自然的學習，孩子們會注意到自己的不足，才會有動力加以學習並修正個性。這種自然的成長過程與父母的陪伴，才是孩童成長中最重要的學習動力。

滿12歲到15歲之間，大人不應該給孩子太多與哲理相關的教育，也不要強逼他們服從權威。這段期間愛彌兒應該透過親身學習，培養品味與興趣，以便產生獨立自主的判斷能力。如果可以，最好讓孩子學習合適於性別、年齡且符合興趣的手工藝能力。

在愛彌兒15至20歲的時期，我們所謂的社會教育才正式開始。進入青少年時期的孩子等於有一隻腳跨入社會中。因為他有豐富的情感與生命力，所以應當盡力感受各種情感層面，包括友誼、仁慈、慷慨等等，如此一來他以後就能對別人感同身受。宗教信仰不是不可以，但上帝不是教會描述的那種神明，應該是所有理智、力量與情感的集合實體，或是一種能證明人生而自由的理念。

當愛彌兒20歲了，他需要面對婚姻與情感。盧梭在此讓女主角蘇菲（Sohpie）登場，並說明兩性的關係。盧梭的主張是，雖然作為一個人是平等的，但男女確實有彼此具差異性的特質。當愛彌兒與蘇菲相處時，兩人應該協調互補，建立適合下一代的家庭。

以上內容大概是《愛彌兒》這本小說所描述的理想教育主張。一七八三年盧梭過世後，這本小說出現了續篇，而且是讓人極度恐怖的續集：女主角蘇菲不忠，送給愛彌兒一頂綠帽子。愛彌兒一開始非常憤恨，大罵蘇菲是不要臉的女人。但當愛彌兒情緒平復後，卻回過頭來責怪自己為何把蘇菲帶去充滿誘惑的地方。兩人最終還是走上分開的路途。這個續集其實並不完整，我們也不確定盧梭過世前是否有完成的打算。無論如何，盧梭留給讀者一個心痛卻又實際的婚姻破裂故事。

所以你接受姐姐嗎？或你接受小弟弟嗎？

愛彌兒的故事與盧梭的情感生活或許息息相關：我們從中有似曾相識的感受，因為不論是華倫夫人或是瓦席兒，最後帶給他的感受似乎多為不幸或痛苦。或許這正是婚姻及情感的事實，除了幸福甜蜜外，總有不幸的所在。我們回頭看愛彌兒的發展，他的成長歷程被認為是教育哲學中重要的範例之一。我們也可以從愛彌兒身上看到盧梭自己的影子：曾是天真無邪的孩子，最後卻必須面對自身的欲望。盧梭在不斷學習的過程中找到自己的方向，成為影響法國發展的重要人物，留下對後世影響頗大的諸多學說理論。但是當我們從現代的角度來看盧梭，一位男性和比自己年長的女性在一起並不是什麼大不了的事；但在過往，許多哲學家或心理學家會嘗試找到為何男性會愛戀比自己年長女性的原因。或許佛洛依德的理論最為簡單，單純就是戀母情結罷了！但這種戀愛的情感真的僅是靠 Libido（力比多）這種生理因素就能理解嗎？

在盧梭的養成教育中，或許正因為接觸的都是年長女性，所以讓他對年長女性有較多情愫——當然也可能是他為自己尋找藉口。但我們還是需要注意盧梭所在的社會環境，因為社會環境確實會影響我們對情感的選擇。那麼如果是你呢？當你愛上比自己年長的女性，或當妳想要年紀比妳小的男生作伴，或當一個人愛上另一個比自己大或小的同性時，我們是否願意因為愛而理性地接受對方所擁有的一切？還是在蜜月期過後發現無法面對真實的感情？

5

你到底幹嘛同居啊？

——康德

現代社會結婚條件越設越高，而戀愛門檻卻越降越低，許多情侶開始以同居取代婚姻，即住在一起享受婚姻之實卻無婚姻之名的生活。多年前如果有人提到同居，可能會有不少人露出嫌惡的神情，彷彿是什麼天大的罪惡般；時至今日，同居早已被人所接受，作為婚姻之外的另一種可能——我們也常在節目裡看到來賓們描述同居美好的一面。儘管「同居」已是既定事實，但仍有哲學家認為婚姻是件非常嚴肅的約定，並認為婚姻以外的結合不好，包括同居在內，均被認為是糟糕的。不過此人並非基督宗教衛道人士，而是著名的大哲學家康德（Immanuel Kant）。

情感受到重創的哲學家

康德終身未婚，而且在情路上受到重創。他身上有許多感情的軼聞趣事，不過孰真孰假我們難以明辨。如果你打開任何一本哲學史，這些書在討論康德哲學時，大概會把所有重點放在他的哲學成就：畢竟他可是憑藉一己之力就將知識論這個哲學領域的討論重心翻轉過來。如果講到康德與婚姻，大部分的重點則會放在婚姻為什麼是社會與法律最重要的產物之一；而康德本人自身的情感卻少有人討論，彷彿哲學家就似一台理性的哲學機器，沒有太多人類的感情。

說真的，如果你是第一次打開康德的書來看，你大概會被裡面嚴謹的咬文嚼字給震撼住——然後決定放下這本書不再看了。當你打開他最著名的代表作《純粹理性批判》（*Critique of Pure Reason*），序言的第一段寫著：「人類理性具有此種特殊運命，即在其所有知識之一門類中，為種種問題所困，此等問題以其為理性自身之本質所加之於其自身者，故不能置之不顧，但又因其超越理性所有之一切能力，故又不能解答之也。」此時你的臉上可能出現三條線，因為你真的無法理解他到底要幹嘛？所以大部分探究康德哲學的人都會覺得這個哲學家的個性極為嚴肅，用字嚴謹艱澀讓人無法親近。即便是閱讀康德哲學原典的中文版，也可感覺到在譯為中文後，將每個字詞拆開來都能看得懂，組合起來卻不知所云。加上他最著名的傳聞，就是每天於固定時間出門散步，準時到左鄰右舍可以依據他的出門時間來對時，這一切都加深康德就是個枯燥乏味的哲學家的印象。

但是這些印象，和現實生活中的康德有著極大的落差：他的生活正確來說是規律，而非枯燥乏味。他享受著自己所愛的生活：和朋友打牌、看劇、聽音樂會以及一起用餐。他喜歡美食，享受美酒，據說烹飪技術好到可以出版食譜。他在哥尼斯堡更是個社交玩咖呢！風度優雅且談話幽默，只要出現在社交場合就會成為眾人的焦點。不過這一切並非因他的外貌——據說他身高不高，個頭稍顯瘦弱——而是因為豐富的學問涵養。他的學問極佳，使他不僅成為社交圈的名人，也成為凱瑟琳伯爵夫人（Countess Caroline von Keyserling，一七二七至一七九一）文學沙龍的座上賓。此文學沙龍成立於一七五五年，之後更成為東普魯士的文化中心，能成為座上賓絕非等閒之輩，是各領域的佼佼者。其成立者凱瑟琳伯爵夫人本身就是位才華洋溢的藝術家，而且在科學領域中展露天分，出版過與科學研究相關的作品。

凱瑟琳伯爵夫人的名字後來成為康德一生的痛：據稗官野史記載，康德暗戀伯爵夫人。雖然他是個玩咖，身邊總有各種不同的女性環繞，但總保持情感上的空白。一開始康德擔任伯爵夫人兒子的家庭教師，此時的夫人雖中年喪偶，卻仍保持著儀態與風範上的優雅。兩個富有天分且情投意合的名人，傳出曖昧情愫並不令人意外。但兩人卻不曾越線：因康德是一介平民，凱瑟琳不但貴為伯爵夫人，更是貴族之後。一七六三年，凱瑟琳改嫁給另一位貴族後，康德傷心地離開家庭教師的工作，直到他過世，都不曾再和其他女性建立親密情感。或許凱瑟琳伯爵夫人也對康德懷抱好感且內心思念著這位真正吸引她的才子，因為在夫人的沙龍內，就在她自己的座位旁邊，總為康德留著一個空位。

這些故事或許是真的——如此就可以解釋為何後來康德沒有再與任何女性在一起，因為沒有人能夠取代他心中的真愛。至於其他與康德相關的愛情故事或軼聞，可能都只是穿鑿附會之說。據說有人問他「為何獨身未婚」，他回答：當他需要女人時無力供養，當他有能力供養時卻不再需要女人。但也有人認為康德可能在性方面自卑，所以不願結婚、不近女色，甚至在家中將與婚姻相關字詞列為禁忌。這些無法證實的軼事中還包括康德兩次差點結婚：第一次他想娶一位寡婦為妻，但精算收入開銷後而將婚事一延再延，直到這位寡婦改嫁他人。第二次則是陪伴一位年輕女孩四處遊玩後愛上對方，但在猶豫不決時這個女孩離開了他。

這些故事已無法證明是真是假。或許康德跟我們一樣，是個在情感上受傷的凡人，但在婚姻的研究與討論上卻為後世立下標竿，他所訂下的基礎原則得以讓我們實際應用於當代情感的議題內。

不要問道德能給你什麼，要問你如何維護道德？

康德給人嚴肅的感覺，可能與他倫理學的主張脫不了關係。通常我們接受「我們應該要有道德」的要求，是因為道德能為我們帶來好處，像是「你應該誠實這樣大家才會喜歡你」，或「你應該幫助別人，這樣人家才會幫助你」——雖然結果可能跟我們想的不一樣；我們其實不喜歡太過誠實的人（想想那些總把「你別怪我，我只是實話實說」掛嘴上的同事），幫助別人的時候也容易被別人利用。

如果真是這樣，為什麼我們還要做一個有道德的人呢？倘若遇上「好心沒好報」時，還要繼續如此行嗎？雖然大多數的人會說，那就停止吧；但康德卻給了我們一個奇妙的答案，幫助我們繼續行善：那是你應該的。既然是有理性的人，就更應當做個有道德的人。如果你是個有道德的人，那麼無論結果如何，我們都不該苛責你，只要動機是善良的，就值得鼓勵與支持。你可以想像一下，父親計畫在禮拜六早上帶全家人出去玩，沒想到車才開出巷口就被橫衝直撞的另一台車撞上，導致全家受傷。在這個例證中，我們不會責怪父親「沒事幹嘛帶全家出去玩啊！」反而是為結果憂傷，並認為這一家真是倒楣。因為父親的動機是好的，不幸的後果並非他所期望，所以我們不會責備他的行為。

康德認為道德與義務之間有非常嚴格的關係。有時候我們會希望透過不好的手段以達到良好的結果，例如說善意的謊言。康德認為手段不好即便結果是好的，仍是不道德。再者，即使因為可以得著很好的結果，才想做有道德的人，康德認為這種先考慮結果的想法也不道德。即便你原本就很喜歡道德，天生覺得不當道德的人會渾身不舒服，因此去做有道德的事情，康德還是認為你的行為可能沒有道德價值。用康德非常難懂的句子來說，「有道德價值的行為必須是因義務而為。」不論結果如何，只有當你的行為是因道德義務去做，這時候康德才會認為你的行為值得稱讚。

很難理解嗎？還好康德舉出四種狀況告訴我們他到底在說什麼。按照康德的想法，人的行為有四種可能性：第一種是違反道德義務的行為。按照康德嚴格的要求，不管你喜歡或不喜歡，這種行為一定不好。例如一個故意玩弄他人感情的人，不論他的目的為何（可能為了報復，也可能是因為他就是喜歡玩弄別人的情感），傷害他人心靈與情感這件事通常都會被認為是違反我們作為一個人的義務，所以這樣的行為不具有道德價值。

第二種是和道德義務一致，但你對做這個行為沒有什麼立即的喜好；康德認為，這時候就要看你的動機才能判斷有沒有道德價值。深夜時，在沒有車經過的街口，若你遇到紅燈，你會為了節省時間闖過去嗎？如果你認為這本來就應當遵守，而乖乖等待紅燈轉綠燈，或許你的行為具有道德價值；但如果你不願意闖紅燈，是因為你發現路口有警察站崗，你害怕被開罰單，這樣的行為就不具有道德價值。

第三種是和道德義務一致，而且你很喜歡這樣的行為——就是我們上面提到的那種「你本來就很喜歡道德，天生覺得不當個有道德的人會不舒服，所以你做道德的事情」的狀況。例如，有的人因為喜歡幫助人（的感覺），所以選擇當志工。問題是：我們無法確定他幫助別人時，究竟是因為他很喜歡那樣的感覺，還是因為他發現到幫助別人原來是他應該的義務？這很難判斷，所以康德認為還是要探究動機後再加以判斷——雖然說真的，可能喜歡的成分遠大於義務的關係，康德也可能認為你的行為不具道德價值。

第四種行為是康德認為「真正具有道德價值的行為」：雖然看完你可能會充滿困惑。有一些行為和道德義務一致，你壓根不想去做；如果這時候你去做了，康德會稱讚你的行為具有道德價值。例如若另一半外遇，我們通常會想讓全世界知道他的惡行惡狀；或是未來遇到更好的對象時，我們也會期望撞到前伴侶時能在他面前炫耀。但這樣的報復並不符合道德價值，所以，如果一個人在可以報復時放棄，即便這個人心裡很痛苦，行為仍然符合道德價值。

康德比你想得還要嚴肅

看到這邊，你可能會覺得：康德有點太誇張了！確實，康德在倫理學的思考比你想得還要嚴肅，但他如此強調動機其實出於很實際的理由：你有可能做出符合道德義務的事情，卻是被迫去進行的。例如古時被迫嫁入豪門的小妾，儘管表現出對富豪的情深，卻可能是因為家人被要脅或想要還債。從婚姻的角度來看，小妾表現出所有符合婚姻的義務規範，但仍非基於真正的愛情。如果某人跟另一個人在一起，是為了對方的錢財或自己能過上富裕的生活，那麼即便能表現出所有情感婚姻內的義務行為，基於動機不純正，我們也無法認同這樣的愛情。這就是康德的主張：一個人的行為必須在動機上是良善的，而且符合道德義務，這樣的行為才具有道德價值。康德就是如此嚴謹，當他考慮婚姻時更是如此，拿出極為嚴格的態度來面對人生大事：我們在前面談論過，因著他嚴謹的思考斷送了兩段姻緣。現在他要用同樣的嚴謹態度來要求我們了！

康德賦予婚姻及家庭極高的價值，認為那是人類社會中最重要的基礎，所以我們應該透過法律好好地保護婚姻與家庭。如果有兩個人沒有依據法律結婚就做愛，可以被稱為通姦！因為婚姻中非常重要的事情之一，就是性方面的結合。兩個人應該要在合法且互相喜悅的前提下，在性上面取悅對方。也因為有如此嚴謹的結合，所以兩個人結婚的前提應是互相平等，如此一來，兩個人在財產的分配與使用上才能擁有公平的關係。為此，康德認為只有一夫一妻才能實現真正的婚姻——康德並非反對同性婚姻，而是反對合法婚姻以外的所有婚姻或性事。如果是一夫多妻，妻子只能分到丈夫所有財產的一部分——不論這一部分有多大，對妻子來說都是不公平的。更遑論通姦或婚外情了，兩人在法律上已不平等，他們對於財產權利的處置亦不公正，所以康德也反對。

康德考慮到家庭生活中總有各式各樣的困難，所以即便他強調婚姻中的平等，卻仍允許在特殊狀態下，家庭中可以有不平等的狀況發生：不過僅限於在保護家庭的情況下。這個時候丈夫可以把自己當作是發號司令者，妻子與孩子都必須乖乖聽話。康德認為，這種狀況比較特殊，是為了維護家庭存在緣故。因為婚姻、家庭都可以被視為一種特殊的契約：這個契約要求夫妻共同生活，共同經營這段關係。當兩個人決定要一起生活，也就是要締結這個契約時，他們應該充分意識到自己的身分，且願意一起生活下去。這種生活想要維持下去會產生很多的要求、義務與責任，例如你不可以因為對方失業就不要對方了，你也不可以因為對方無法滿足你的性生活就決定去外面找其他人。

老子不結婚總可以了吧？

既然康德對婚姻抱持著這麼高的要求，或許有人會認為：那還是不要結婚吧！我們選擇同居即可，至少還是可以跟所愛的人在一起，這樣總行了吧！你猜猜，康德一向這麼嚴肅地看待婚姻，那麼他會怎麼看同居這種不符合「平等契約」的結合方式呢？

我們可以從康德的原則來看待同居這件事。首先，如果你想同居，你會期望每一個處在相同情境下的人都如此跟心愛的人同居嗎？你可能會說：有什麼不可以！處於跟我一樣境況內的人都應能如此。在這裡先暫停一下，我們注意到一些問題，如果聽到「同居」二字，我們腦海中浮現的就只是兩個相愛的人住在一起，享受夫妻之實而無夫妻之名，我們對同居的理解可能就有失偏頗。

我們進一步假設，全世界有理性的人在思考婚姻與家庭的嚴肅性時，均考慮過現實環境的嚴酷（主計處曾公布過，台灣辦一次婚禮的平均花費是七十四．五萬！可以買台車了），同意並且接受同居是合理的選擇。但是你如何看待和你住在一起的另一半呢？康德主張，我們對人必須要有足夠的尊重，不能將人當成工具。在效益主義的經典案例「電車難題」中，不論你選擇電車撞向哪一邊都會帶來生命上的損傷，所以人們通常願意傾向選擇犧牲較少的那一端。但在康德的看法中：犧牲任何一方來換取另一方的存活，都是將人當成工具使用，這種選擇帶著不道德的預設。既然你是理性的道德個體，就應該憑藉著理性與道德，給予身邊的人尊重，既不利用他們，也不視他們為工具。如果是這樣，那麼同居時，對方對你而言究竟是工具還是目的？大部分人都會說：「正因為深愛對方又暫時無法結婚，才選擇同居」。但是這樣的回答真的能夠排除我們把對方視為工具或手段嗎？尤其當你有情感的慰藉或性愛的需求，或是因為和對方同居而想炫耀時。只要帶有一滴點將對方視為工具或手段的可能，我們就違反了康德的想法，也讓同居失去道德的價值。

你為什麼想要同居？

若對康德來說，倫理具有普遍性的要求（他相信只要是理性受造物，像是人類，都受道德約束）與必然性的要求（所有受造物都依據某種固定方式行動），那麼他對婚姻如此嚴肅而高道德之要求似乎就不意外了。儘管康德倫理學的結論部分讓人感到疑惑——例如他認為那些和道德義務一致，卻違反當事人立即喜好的行為，通常具有極高的道德價值。像是重症中的病患選擇不自殺而承受巨大病痛——雖然康德倫理學不容易讓人認同，但在這裡我們卻可透過他的倫理學理論問自己：你為什麼想要同居？

對這問題的回答或許不需要特別拉高到道德規範的層級，而是捫心自問：我真的沒有把對方當成工具或手段嗎？不論是自己生理的、心理的，甚至靈性上的滿足。或許這可以成為選擇同居的重要思考。不論在情感或婚姻上，我們都將對方當成一個完整個體，一個有理性的存在者，從而和對方攜手努力。或者從自己是理性的存在者角度來思考：我自己真的能夠承擔同居分離時的痛苦嗎？（大部分人會嘴硬說可以，但有多少人真的可以？）康德義務論倫理學確實過於嚴肅甚至不近人情，但既然我們都知道感情或婚姻不是兒戲，嚴肅一點對雙方都好。

6

為了愛你願意付出多少？

——齊克果

看到這章的標題，或許你會有一種「這是什麼中二說法」的感受；但對齊克果（Søren Kierkegaard）來說，這真的是他一生的感情寫照。他的愛情故事可如此描述：「因為我深愛你，所以無法跟你在一起；因為我對你的愛，使我無法再愛你」。如果只看這句話，你大概會覺得這傢伙就是個渣男。但若我們將幾件事情與這連結在一起：他因家族悲劇產生的人生省思，因為過度詮釋基督宗教的原罪想法，還有因為思及自己需要，接受來自家族詛咒的懲罰而帶出對他人的恐懼及責任，就能理解為何他一生只鍾愛一個女人，最後卻必須放手讓她離開：齊克果太愛她了，所以不能讓自己的愛害了她。

懸疑小說般的開場

一八一三年，齊克果出生在哥本哈根一個富裕的家庭。母親原是女僕，後來嫁給齊克果的父親——這已是父親的第二段婚姻。除父母親外，家中有七位兄弟姐妹，齊克果是老么。當時哥本哈根的人基於國教緣故，一出生即在身分上自動成為基督徒；齊克果在此背景下以成為神職人員為人生志向，接受家中栽培，從小學習哲學與文學。到一八三八年父親過世時，家族僅剩下齊克果與大哥彼得兩人：他們家原本一共九人，但一個接著一個過世，父親是第七位！這種像懸疑小說般的設定，背後藏有家族的祕辛。

根據齊克果名為〈大地震〉的手稿，加上當時傳聞或後世學者的研究，齊克果人生的大地震可能與家族的祕密有關：父親在第一任妻子病重時，因一時情欲強姦當時還是女僕的母親。父親發現母親懷孕，加上第一任妻子離世，遂決意續弦（作為補償與遮羞）。齊克果似乎認為，神在震怒下給父親與這個家懲罰：父親必須親眼看見家人不斷離世。齊克果認為即使父親走後，自己仍須面對這種報應——此點影響他面對與心愛的未婚妻黎珍娜（Regine Olsen）的感情。除了這件事，另一個深刻影響到齊克果的，是他在20歲那年因一時興起前往窯戶尋歡——多年後在日記裡重提此事，不過當時他似乎還不清楚家族的祕密。等到日後得知此父親的祕密，且將祕密與夜探窯戶相連時，齊克果對自己的譴責變得更加強烈。

除了內心的煎熬，齊克果對自己的長相可能也有些自卑。他在日記裡對自己的形容是：頭髮蓬鬆，身材纖細，兩腿瘦弱，時常因思考而駝背。為了讓自己在哲學表達意見上更為有力，除了以自己的本名寫書外，還以筆名 Johannes Climacus 寫作，透過不同的名字發起文章爭論，形成左手打右手的景況。這個做法讓他在一八四五年到一八四六年間捲入一場筆戰：筆戰起始於《海盜》（*The Corsair*）雜誌總編穆勒（Peder Ludvig Møller）的文章。穆勒認為雖然齊克果富有才能，但他懷疑齊克果是否有能力寫出好書。齊克果被激怒了，撰寫兩篇文章回擊：一篇攻擊穆勒人格卑劣，另一篇大罵《海盜》是不入流的八卦雜誌。齊克果挑明，穆勒攻擊他只是為了迎合哥本哈根的讀者；穆勒手下另一位編輯戈登施密特（MeïrAron Goldschmidt）也火大了，接連幾個月發動一系列針對齊克果的攻擊——嘲諷他的外型、說話的聲音，甚至是他的生活習慣（慶幸當時沒有電視，否則戈登施密特可能會天天上談話性節目當名嘴，拿齊克果開講）。齊克果在日記裡寫下這些騷擾的事情，甚至還考慮如何和穆勒等人和解。

這件事本身不論結果如何，都對齊克果產生巨大影響：他認為當自己「諷刺性的躍入《海盜》雜誌及論爭時，就顯明這本雜誌背後並無值得尊崇的理念」；不過雜誌社很開心，他們因此增加了兩三千位訂戶。齊克果不客氣的說，這件事如此諷刺，但雜誌卻連什麼是諷刺都不懂。他更在日記中痛苦地寫著，《海盜》抓住每一個可以攻擊他的機會，連他去拜訪某人都可以被挖出來大做文章，造成朋友的尷尬，讓朋友對他感到憤怒。對齊克果的嘲諷用現在的角度來說，齊克果已經被當作是一種迷因梗圖，適用在任何想要嘲笑人的場合中。

中二病也會想談戀愛

在這些痛苦的背後，還有一個纏繞齊克果一生的戀愛故事：就是他唯一愛過的女人，那位他深愛卻又無法在一起的黎珍娜。

一八三七年，那年黎珍娜16歲時，在友人家中首次遇到齊克果，並被他深深吸引。日後一次相逢的場合，齊克果對黎珍娜身上那種純潔、幸福感到飄飄然。之後便展開追求，並在三年後正式與黎珍娜訂婚。

訂婚初始，兩人幸福且甜蜜。齊克果認為黎珍娜是最親密的愛人與朋友，甚至每星期專門為她朗讀教會主教的講道內容（我知道你會想翻白眼，這是什麼奇怪的談情說愛方式？不過每個時代都有專屬於時代的浪漫嘛！）幸福之餘，齊克果開始擔心自己是否真能負起丈夫應有的責任，於是他和許多男人一樣，用大量的工作逃避現實：全心投入神學院的學習，準備教堂講道，並用大量時間準備畢業論文。黎珍娜抱怨齊克果，該不會是認為未婚妻到手了遂不想再多花時間在她身上吧？黎珍娜的抱怨傷害了齊克果。儘管兩人關係日益惡化，但仍保持著書信往返，維繫感情；然而問題沒有解決，寫再多的情書也沒用，訂婚後一年即解除婚約，這時是一八四一年八月，我們等等會看到黎珍娜如何卯起來挽回這段感情。

齊克果提過為何要解除婚約：生命中有一些無法面對的傷痛，這些傷痛（就是神對他們家的懲罰）為黎珍娜帶來更大的痛苦。除了這個理由外，齊克果還提了許多奇怪且不具說服力的說法，例如他相信神其實呼召他過獨身的生活（那你當初追人家是耍人嗎？）他相信自己身體狀況奇差，可能沒幾年好活（這點所言不假，他過世時僅42歲）。當他託人把訂婚戒指及告別信送至黎珍娜家後，女孩滿懷傷心的趕到齊克果那，希望他收回退婚的決定。黎珍娜相信，若退婚，齊克果將會更加憂鬱沮喪，這對他的心理或身體健康將更為不利：從這點來看，黎珍娜真的說對了！

雖然齊克果真心愛著黎珍娜，但他發現自己無法既愛黎珍娜又維持對創作的堅持。對齊克果來說，創作需要孤獨緘默，寫作需要內斂沉穩，而黎珍娜帶給他的卻是熱情與奔放的生活。當兩者不可兼顧時，他決定忍痛放手，讓黎珍娜離開自己的世界——無奈事情沒有他想的那麼簡單。熱情的黎珍娜一開始根本不願意離開齊克果，甚至以死相逼。齊克果被逼到沒有辦法了，故意以欺騙口吻寫下一封冷酷的訣別信，信中寫到經過一年的婚約期後，自己的感情冷卻了，無法再愛下去了。不知實情的黎珍娜即使收到此信，仍懇求齊克果給她一次機會。一八四一年十月中旬，兩人面對面坐下來，齊克果仍堅持要取消婚約。黎珍娜的父親告訴齊克果，這樣的堅持會害死女兒；即便如此，齊克果仍堅持解除親事。隔天，黎珍娜試探詢問，他離開自己後未來還會不會再愛上別人？齊克果回答她，或許十年後他會。

認清現實的黎珍娜生了重病，當晚齊克果整夜哭泣。由於雙方都是有頭有臉的人物，這件事很快在哥本哈根就成為八卦的精采話題：齊克果被眾人唾棄，大家覺得他是個輕率引誘年輕女孩又始亂終棄的渣男。黎珍娜的家人也不懂到底怎麼回事，他們雖然相信齊克果本性善良，卻也無法原諒他。齊克果呢？他自己則是一直擔心黎珍娜會做傻事。這段期間他常寫信鼓勵黎珍娜，即便少了自己的陪伴也應該要堅強獨立，他希望黎珍娜可以原諒他。齊克果認為，自己可能無法得到原諒，他曾想要寫信解釋，但深怕如此會傷害到自己與神之間的神聖關係而作罷（好一個神奇的理由！）

其實愛說不出口

齊克果雖然曾告訴黎珍娜，或許十年後他會跟另一個女人重新開始，但事實上他沒有，因為其餘生從未走出此次情傷。解除婚約的隔年，齊克果為了療傷前往柏林進修，在那裡他曾遇到一個和黎珍娜相似的女孩，讓齊克果再次因為想起黎珍娜而傷心不已。齊克果真愛她，他在立遺囑時黎珍娜是當時遺囑上唯一列出的名字——不過此時的黎珍娜已婚，所以拒絕了。

一八四三年，解除婚約近兩年後，齊克果終於決定離開這個心碎的地方。某一個禮拜天，他照例前往教堂工作與聚會。聚會結束離開前，黎珍娜向他點頭致意，他知道黎珍娜願意原諒他了。他在日記中特別寫下這次的相遇：當黎珍娜第一次向他點頭時，齊克果搖了搖頭，認為自己的意思是「妳必須放下」；當黎珍娜再次點頭時，齊克果也朝她點了點頭，他自己的意思是「妳保有我的愛。」（這個應該就只是齊克果的心裡小劇場吧？）幾年後黎珍娜和施萊格爾（Johan Frederik Schlegel）結婚，婚後生活幸福穩定。想當然，齊克果沒有出席婚禮，不過他寫了封信給黎珍娜，信中稱黎珍娜是他靈魂中無緣的妻子。

到了這個時候，齊克果仍沒有忘記黎珍娜，甚至在她婚後，他亦曾寫信給黎珍娜的丈夫施萊格爾，希望能和黎珍娜碰面交談；不巧，施萊格爾是個再正常不過的男人，自然沒有答應。一八五二年九月是他們訂婚十二週年紀念，兩人碰到面卻沒有交談的機會，齊克果對此感到非常痛苦。他特別在日記裡記錄這次的碰面，黎珍娜既未向自己點頭也沒有和自己說話。但他反省與黎珍娜的關係後認為，現在神才是自己生命的首位。與黎珍娜從訂婚到解除婚約的過程，引導齊克果走向與神的真正關係。那年的聖誕節他們又碰面，齊克果相信對方似乎正在等著什麼——或許就是在等他吧！他相信黎珍娜始終用眼神尋找自己。齊克果的愛戀與期待一直持續到一八五五年，那年施萊格爾因任公職離開哥本哈根。黎珍娜和丈夫調職離開後，她與齊克果再也沒有碰過面，因為8個月後，齊克果倒在哥本哈根街頭，不幸離世。

你可能會覺得：齊克果真煩人，而且似乎集跟蹤狂與自戀狂於一身。看著他們的愛情故事不但讓人焦急而且心煩意亂。不過齊克果對黎珍娜的感情可能比我們想像的還要深厚。他確信自己受到宗教的神聖呼召，只是神在他身上加添許多限制，好叫他必須完全依靠神的恩典。然而這個限制卻讓他無法建立並保有一般人所擁有的親密關係，使他在神全能的統治下如同玩物一般。齊克果曾認為自己可以改變命運，但事實上是他被命運摧毀了，所以他必須透過解除婚約，以保護這個他深愛的女人。

確實，齊克果的想法讓人覺得有夠中二。而黎珍娜在這段感情中也帶著極深的遺憾，她實在無力處理齊克果心裡的各種矛盾與難題，也常覺得自己錯怪了這位無緣的丈夫。齊克果在一八五五年過世後，黎珍娜直到一九〇四年才以82歲高齡離世。齊克果生前給黎珍娜帶來很大的痛苦，過世後仍繼續糾纏她，他的日記在有爭議的狀況下出版了。黎珍娜曾讀到關於自己的段落，每次讀到這裡，身體和心裡就有各種不適。黎珍娜身邊的朋友多次勸她為自己澄清，不過直到施萊格爾過世後，她才開口說出自己與齊克果之間的感情與心路歷程。

我的哲學就是我的人生

齊克果與黎珍娜的故事，甚至他的人生，與他所提到「生命歷程三階段」有關。按照齊克果的描述，人的一生可以區分為三個階段，也應該按照這三個階段讓自己成長。

第一階段稱為「美學階段」：在這個階段人被自己的感官支配，根據自己的本能與情感做決定，所以這時候的他既無道德標準，也無明確宗教信仰。如果有人或規律要限制他的決定，他就會感到厭惡與不耐煩。因為不受限制所以感到自由自在，但這種自由自在其實一點也不快樂；我們可以這樣比喻，這個人就像日本異世界後宮動漫的男主角，周旋在眾多女主角之間，不負責任也負不起責任。這樣的男主角雖然看起來很快樂，但最終仍不得不做出選擇。一旦要做選擇，就必須負起責任。這正是齊克果遇到黎珍娜與剛訂婚時的狀態：齊克果覺得黎珍娜很美，就這樣愛上了她，但是訂婚後即開始面對現實生活。

當兩人開始要面對現實生活，他們進入齊克果所稱「倫理階段」的第二階段了。訂婚後身分轉變了，當然就必須負起責任。問題是負責任很辛苦啊！人總是理性的以為：在感情中可以負責，可以規定自己專情，可以要求自己不花心。但當那位可愛的公司後輩來撒嬌，系上帥氣的學弟來哭訴，我們還能守住自己的原則嗎？就是在這個時候，我們才發現原來自己這麼軟弱，訂下的規則這麼容易被打破。於是乎我們必須做出選擇：是否要憑藉自己的力氣與不可靠的理智，往下一個階段繼續成長？這就是齊克果取消婚約前的深思熟慮：他問自己，是否能夠負責任嗎？他最後決定前往下一個階段。

第三個階段稱為「宗教階段」的部分。這時候他體會到原來自己是如此有限，以致需要神聖力量幫助自己。但是以理性層面來討論超越神聖的力量總是受限：我們有時連鬼故事都講不清楚，更遑論要對宗教的超越力量說明白。所以齊克果說，從第二階段進入第三階段需要勇氣——以縱身一躍的方式接受信仰。齊克果很帥氣地說：「你不要當悲劇英雄，而應當做信仰的騎士。」

講到這裡，你可能會覺得齊克果還真是會說大話！如果齊克果跳入第三階段的最後選擇是解除婚約，我們為何還要接受齊克果的主張？

其實，齊克果向我們展示理想的人格成長階段，以及心理學家為我們分析每個人的成長過程，均僅能作為參考指標，而無法完完全全照著成長。用哲學術語來說，齊克果讓我們看到「從自己的本質到真實存在樣貌之間的發展歷程」。「我是誰」與「我應該是誰」是我們每天都在問自己的問題，亦每天都在這兩個問題之間拉扯。齊克果向我們顯示了人格的矛盾，這樣的矛盾也表現在他用不同筆名撰寫的著作之間。

中二病的黑歷史：兩本矛盾的書

齊克果展現的人格矛盾，正好可以用他兩本書：《或此／或彼》（*Either / Or*）與《愛的工作》作為例子。這兩本書展現出完全不同的愛，如果《愛的工作》談論人生如何正面去愛，那《或此／或彼》就是中二病的黑歷史，因為這本書既厚重又難以閱讀。

《或此／或彼》是一本大部頭的書，由十一篇論文與著作組合而成。這本書讓我們注意到，想要寫成名作一定要先失戀：這在尼采身上也可證明。我們前面提到齊克果與黎珍娜解除婚約後曾前往柏林遊學療傷（遇到長得和黎珍娜很像的女生所以療傷未果），他原本計畫去聽當時非常有名的德國哲學家費希特（Johann Gottlieb Fichte）的演講。但是到德國聽講後卻非常失望：他覺得費希特的演講內容華而不實。但是人都到德國了，總不能就這樣回家吧？所以他一面在德國練習德文，一面開始為這本書打草稿。他只用11個月就寫完這本千頁鉅著，而且用他一貫一人分飾多角的方式向讀者介紹他的思想：在第一卷中他扮演玩樂人生的花花公子，告訴讀者享受感官快樂有多美好；第二卷中他扮演謹守道德的法官威廉，用長篇大論勸告讀者應好好遵守道德律則。他同時又扮演第三個角色：因故發現這兩人通信文稿，然後將這些文稿編輯成書的編者。

這本書中最有名的一篇文章是〈誘惑者日記〉（*Diary of a Seducer*），講述花花公子約翰尼斯（Johannes）如何勾引年輕女孩再拋棄她的故事。這裡應該多提一件事：《或此／或彼》的11篇文章，除了〈誘惑者日記〉是以日記體寫成，可以當作小說來閱讀之外，其餘10篇文章都以論理為主，而且長度驚人。這可能是這篇日記後來能被單獨拉出來成書的原因之一。此外，這篇小說以約翰尼斯的第一人視角為主軸，記錄他遇到美少女克蒂麗亞（Cordelia Wahl）所發生的愛情故事——約翰尼斯其實就是齊克果自己，我們可以把這篇日記當成是齊克果的反省甚至是懺悔。

日記中，約翰尼斯告訴我們應該要把女人當成研究的對象，這研究對象讓男人擁有無限可供觀察的材料。約翰尼斯這個十惡不赦的採花賊玩了一場愛情遊戲，他想要獲得這位少女的芳心，同時也希望自己的心被少女完全占據。他詳細觀察並捕捉克蒂麗亞心理表現的每項細節，透過欲擒故縱的技巧讓少女心神不安。他想要與克蒂麗亞享受愛情，卻又不想走上婚姻之途。於是，他催眠克蒂麗亞婚姻是愛情的束縛，要求她不能讓大家知道兩人交往的事情（搞婚外情或劈腿的渣男好像也是這樣）。約翰尼斯的理由是：若要真正理解愛情，就必須將愛情變成兩人間的小祕密，否則愛情就不再是愛情本身，會參雜過多其他人的關心、意見還有壓力。約翰尼斯主張，要從愛情走入婚姻更是萬萬不可，一旦雙方進入婚約，愛情將被扼殺（畢竟「婚姻是愛情的墳墓」），雙方的愛情也將在現實殘酷中消磨殆盡。

在日記裡，約翰尼斯以第一人稱寫下他與克蒂麗亞之間的相逢、情愛與分手，並討論了性愛在男女之間的成分。透過約翰尼斯這位誘惑者，齊克果向我們展示出，人生第一個階段的「美學階段」究竟是什麼樣子。約翰尼斯正可謂這樣的代表，因為他是以享樂與肉體的方式面對感情（約翰尼斯本人不承認，他堅稱自己不是為了玩樂或享受肉欲，一如許多渣男一樣）。約翰尼斯自豪地認為，他的故事正好可以作為大家觀察愛情的素材。這本日記雖是約翰尼斯的，但將日記展示出來的卻是一位認識克蒂麗亞的朋友（也就是作為編輯者的齊克果自己），在因緣際會下從約翰尼斯那得到日記並加以展示。故事的結局是克蒂麗亞被拋棄了，誘惑者則是開心完後甩手離開：等一下，這聽起來不正是齊克果自己的親身故事嗎？

好吧！我們還是幫齊克果平反一下。因為約翰尼斯是真的玩完後就跑，齊克果至少還為自己的選擇負起責任。如果說〈誘惑者日記〉展現出不負責任的戀愛自由，那《愛的工作》則是向我們展現出在愛裡面的理性選擇。齊克果在發表《愛的工作》時用的是自己的真名，而且認認真真的寫了一本哲學與宗教的正規著作，不過這也表示出本書內容很硬不好閱讀。根據書名，齊克果謙稱這本小書（其實一點也不小，中文版翻譯厚達四百二十頁）描述了「愛」如何被廣泛流傳在人世間。這本書共分兩卷，合計15章。但第一卷的第二與第三章呈現出齊克果所希望的討論方式：第二章分為A、B與C三部分，循序漸進地討論：你應該去愛，然後你應該去愛你的鄰人，最終強調那個作為愛的主體——「你」應當付諸行動。第三章分為A與B兩個部分，說明愛既為律法的成全，同時也是良知的問題。因此愛既與律法有關，又是良知的實踐。

上面說明大概能讓讀者明白此書的生硬及不好閱讀，這也是本書的特點之一。但是真正讓《愛的工作》呈現出與《誘惑者日記》打對台的，卻是這本書的第七章：「愛是凡事相信，卻不受欺騙」——這讓我們想到約翰尼斯如何欺騙了克蒂麗亞。齊克果在這章問我們：如果愛是凡事相信，那麼凡事相信的人要怎樣不被欺騙？感情裡面有太多的欺騙，然而墮入情網的人往往甘心被騙。齊克果告訴我們，其實相信就是一種選擇，你也可以選擇懷疑或持續愛？那些在感情中欺騙的人，不論是騙自己還是騙別人，在被揭穿前只會越來越自負，因為他的謊言無往不利；正確來說，騙子需要欺騙自己，否則無法獲得來自愛的真正福祉。這就是約翰尼斯的問題：雖然他表達出享樂的理想，但最終無法繼續愛下去。唯有忠於自己時，愛才能不受欺騙。

為了愛你願意付出多少？

齊克果在《愛的工作》中告訴我們，基督宗教是一個充滿愛的宗教，也是一個要求所有人必須把愛實踐出來的信仰。齊克果講得頭頭是道，但這樣的一位哲學家，始終無法放手真心去愛：因為他相信自己仍在神的懲罰下，背負著來自家庭的原罪或詛咒，所以無法真正去愛自己深愛的對象。反倒認為，唯有將她推離自己的身邊，才能算真正的愛。最終只能眼睜睜地看著她嫁給另一個人，而自己一生都在這樣的愛戀與失去中反反覆覆的思考與黎珍娜的關係。

齊克果的愛情觀真的很中二，但他的故事讓我們看見愛的變動性。如果你去看《或此／或彼》，書中辯論著究竟哪種人生階段比較好；但是如果你只是單單挑出任一卷的任一篇，大概會有不知所云的感覺：尤其一些篇章討論如何挑逗或玩弄女性，反對女性權利伸張，這樣的內容大概會讓讀者很不高興。但根據齊克果在日記與論文中的反省，當我們想要選擇或此或彼時，這個選擇本身就是錯的，因為這些問題的真正內容都在問：「我是誰」。而任何答案的產出，在回覆的當下都已形成自我主觀的真理，儘管能帶出動力卻總是錯的，這正是該書最後一篇的標題，且可以作為對或此或彼選擇不恰當性的描述：〈在上帝面前我們總是錯的〉。為此，我們需要信仰的跳躍。若從這樣的角度來看，人類階段或許不是從美學到倫理，再進入神學，而是在美學與倫理的辯證中透過信仰的跳躍進入神學階段。

齊克果的故事讓我們思考，如果我們真的很愛一個人，我們是否願意不顧一切為對方付出，即便要對抗命運也在所不惜？他的故事或許讓我們看到，原生家庭對一個人的影響有多巨大？或是當愛情與信仰對抗時，我們如何選擇？但最為可惜的是，當基督宗教被稱為是愛的宗教，當齊克果自己對基督宗教的愛進行如此深刻的理解時，他自己卻選擇走上背負原罪與痛苦的道路。

7

你身邊有仇女的朋友嗎？

——叔本華與尼采

有的男人很奇怪，他們非常討厭女人，用盡各種方式羞辱女人，似乎忘了自己也是從女人的肚子裡生出來的。這樣的男人讓人非常不爽，他們大概只能在自己的同溫層中取暖，因為這些想法難被社會大眾接納。雖然哲學家以理性思考為其工作，但有些人仍無法避免因為成長背景的關係，對女人產出厭惡感。其中最有名的，當屬叔本華（Arthur Schopenhauer）與尼采（Friedrich W. Nietzsche）：前者專門撰文貶損女人，後者則跟自己的母親及妹妹在一次又一次的衝突與和解中度過一生。

無論如何都是媽媽的不對

叔本華的厭女症可能來自他與母親和妹妹的關係。一七八八年叔本華出生，父親是名富商，母親約哈娜（Johanna Schopenhauer）是名作家，他還有一個妹妹艾黛兒（Adele）。一八〇五年，叔本華的父親在河中溺死；由於父親生命的最後幾個月，展現出各種焦慮與沮喪的行為，所以大部分人認為這起溺死就是不幸的意外。但叔本華與母親卻認為父親是自殺的，叔本華更進一步將原因歸咎在母親身上，認為是雙親相處有問題才導致父親自殺。叔本華在父親過世後繼承一筆遺產，為了紀念父親他從商兩年。後來與母親交惡而且關係極為惡劣。此時約哈娜為了能好好當個作家，並從事自己喜歡的藝術工作，而搬到魏瑪（Weimar）。叔本華則於一八〇九年搬到魏瑪，但約哈娜認為兩人不對盤，勸他別搬來。叔本華為此大肆批評母親：她任意揮霍，隨意與男人約會並想要再婚。叔本華認為這是對父親的汙辱。約哈娜也不太喜歡這個孩子，雖然她自認疼愛孩子，實則處處批評叔本華，甚至在寫給他的信件中直接提及他種種缺點。

叔本華在這段時期已經逐漸展現出他過人的才華，但嚴格來說卻未被當時的知識份子們注意到：因為約哈娜從中作梗，常向眾人警告自己兒子性格卑劣。約哈娜在當時藝文界還算是個咖，甚至一度與哥德（Johann Wolfgang von Goethe，就是撰寫《少年維特的煩惱》與《浮士德》的那位文學家）關係密切，所以她提醒大家要防範叔本華；藝文界還是買單的。一八一〇年，約哈娜正式出道開始她的作家生涯；一八一一至一八一二年間，叔本華進入柏林大學就讀。直到一八一三年約哈娜才同意讓叔本華搬進家中。不過因為反覆的激烈爭吵，沒多久叔本華又搬了出去。除了兩人個性不合外，真正原因還包括約哈娜與另一位既是小鮮肉又是房客的「友誼」讓叔本華看不下去。這位房客小約哈娜12歲，兩人已經發展為情人關係。叔本華認定母親的行為就是對父親的背叛，一氣之下搬去魯道爾施塔特（Rudolstadt）定居，並在這裡完成〈論充足理性原則的四重根源〉（*On the Fourfold Root of the Principle of Sufficient Reason*）這篇重要的學術論文。

自認被叔本華誤會的約哈娜想盡辦法要為自己辯解，她邀請叔本華再次回到魏瑪，並試圖說服對方，自己跟情人間不過只是柏拉圖式的戀愛，沒有結婚的打算。叔本華當然不相信約哈娜的說法，加上相處過程中小情人總是指責叔本華既自大又沒才華，以致這次碰面不歡而散。其實約哈娜在這件事上確實是站在小情人這一邊，她認為叔本華的那篇論文既難閱讀又難理解，加上同一個時間點自己才剛出版新書且有一定的銷售量，讓她更確信對兒子的理解無誤。她沒料到叔本華那篇論文受到歌德賞識，叔本華與歌德還因此成為好友（多說一句：日後雙方理論出現分歧，兩人的友誼在叔本華打別人臉一定打好打滿的情況下決裂了）。差不多也是在這個時間點上，叔本華接觸到《奧義書》這本古印度經典，從而影響他日後的重要代表著作《意志與表象的世界》（*The World as Will and Representation*）。

雙方既然已撕破臉，從一八一四年之後，母子再也沒見過面，需要傳遞訊息就靠書信往返。雖然和母親關係降到新冰點，叔本華仍定期與妹妹艾黛兒聯絡。幾年後，艾黛兒告訴叔本華，母親的經濟出了狀況（約哈娜將全部財產投資在一間銀行，如今面臨破產，碰巧叔本華在這也有存款）；叔本華嘗試與母親重修舊好，願意跟母親、妹妹分享遺產，但母親嚴辭拒絕（或許是基於面子）。兩人持續的爭吵讓母子關係越來越糟。叔本華畢竟是經商過的哲學家，透過自己的邏輯思辯與商戰能力順利拿回所有存款——約哈娜原本評估，最理想的結果只能取回儲蓄的百分之三十——但叔本華這種全面性的商業勝利，讓約哈娜面子上掛不住，也讓已經失和的家庭關係更加雪上加霜！

母子間的緊張關係直到一八三一年，總算迎來恢復通信的契機。這一年約哈娜生病，加上著作收入彌補不了之前的投資損失，而願意敞開心胸恢復與叔本華的關係。表面上兩人同意和好，事實上叔本華仍批評約哈娜是個不合格的媽媽，她主觀且自我中心（其實叔本華自己也是如此）。之後叔本華前往法蘭克福定居，出現精神與身體雙雙生病的狀態；約哈娜因擔心叔本華會跟丈夫一樣自殺而關懷他，使彼此關係略有改善；不過約哈娜始終未將兒子視為自己的財產繼承人。她雖是作家，但與女兒一起的生活並未因稿費的收入變得寬裕，由於擔心艾黛兒在自己過世後可能面臨生活拮据，而將女兒設立為遺產唯一繼承人。叔本華在母親過世後仍保持與妹妹的密切往來，直到他自己過世為止。

叔本華雖因母親與妹妹而對女性感到厭惡，但早年的他其實戀愛情感經歷豐富呢。叔本華曾被當時著名的名伶卡洛琳（Karoline Jagemann）吸引，並寫情詩取悅她。雖然日後叔本華傾向過禁欲生活，或對性這件事採取否定的觀點，但他年輕時也常與女性發生關係——包括女僕、演員以及性工作者。不過年輕人就是年輕人，實在太衝動了：叔本華在一八一九年與一八三六年各得到一位非婚生的孩子。像一八一八年那次，居然是在等待著作出版的過程中意外讓一位女傭懷孕且生下孩子。

叔本華其實也考慮過要跟某人結婚。例如一八一八至一八一九年他在義大利度假（並且讓女傭懷孕）後，曾考慮與一位義大利貴族結婚：儘管叔本華多次提到這事，卻沒有給我們足以參考的細節，以至於一些傳記作家認為這可能是他騙大家「自己還是有人喜歡」所編造出來的說詞。在這段期間，他仍有性生活，甚至曾經得過性病（醫師建議他治療梅毒）。在柏林大學任教期間，他再次興起結婚的念頭，並向小他22歲的少女衛絲（Flora Weiss）求婚。這期間他開始反省一夫一妻制，並主張在此制度之外有其他的可能性。他也與另一位女子瑞秋（Caroline Richter）保持感情（與性的）關係。雖然叔本華年輕時性生活活躍，但他對自己感到自卑，認為女人不會覺得自己迷人，也不會覺得自己的身體具有魅力。總之，在這種自卑的情結中，他覺得自己對女人的欲望無法實現！

〈論女人〉：奇文共賞時間

雖然叔本華最重要的哲學著作是《意志與表象的世界》，但短篇論文〈論女人〉（*On Woman*）卻是我們所能獲得，他對女人看法的第一手資料。在這篇論文中，叔本華對女人有各種指責貶抑，例如一開始雖然認同詩人席勒與拜倫對女人的讚美，卻又指出女人的身體型態導致她們天生不適合任何形式的勞動。為此，一個女人必須透過順服丈夫、忍受生產苦難過日子，因此她們應該比男人更為安靜、更為低調。不過也無需擔心她們的感受，因為她們即便如此，她們也沒有快不快樂的問題。如果你堅持女人應該要工作，就讓她們去當護理師或保母吧！反正女人就是幼稚而愚蠢的代表，她們是長不大的小孩。即便長大了，也不過是介於孩童與成人之間。因為她們每天所考慮的，不就是如何利用男人嗎？畢竟大自然給了她們幾年的時間，帶著誇張的美貌，以吸引男人為她們瘋狂。但大自然也是公平的，她們得付出相對的代價，用僅僅幾年的美貌交換餘生：一旦她們生子，就失去那僅有幾年的美貌。

正是這個原因，女人滿腦子想著愛情，閱讀言情小說，幻想白馬王子的出現，絲毫不在意如何勤儉持家。沒辦法，你想想看：男人要到28歲左右，理智才能趨於成熟；但女人在18歲就成熟了。不過你也別高興得太早，因為18歲就成熟的理智限制了女人日後的成長：提早成熟其實沒有什麼用，反而既幼稚又短視近利。對女人來說，丈夫或男人的存在價值就是賺錢給她們花用，就算老公都死了，她們仍滿腦子只想著花錢，女人想過奢侈生活簡直到了瘋狂的地步。當然這不是說女人一無長處，其實女人比男人更能忍受現實：不過是在享樂的前提下。只要眼前的生活還過得下去，她們就會盡情享受。

上面這一大段文字可不是母豬教信徒說的，而是改寫濃縮自叔本華那篇〈論女人〉的前二至三頁。這樣的言論如果出現在我們這個時代，叔本華恐怕會被網路肉搜出來，臉書（如果他有用）被灌爆——雖然他或多或少提到了女人的優點，例如男人有煩惱時可以找女人討論商議，因為女人看得不夠遠所以判斷會比男人冷靜些，加上不夠理性所以能給予不幸者更多同情……。瞧！怎麼看都像是在反諷女人！總之，叔本華認為，女性基於判斷與思考能力的缺乏，最根本的缺陷就是沒有正義感，這就是大自然將她們歸在弱勢者的原因。她們能依靠的只有狡猾與說謊，且伴隨著虛假、不信任、背叛與忘恩負義等等惡行。

叔本華認為，女人唯一存在的目的是繁衍後代，因此她們的存在是為了全體人類而非單一個體；她們的個性與男人完全不同，直接導致婚姻的不睦。畢竟男人的負面自然感情最多就是冷漠，而女人的負面感情卻是敵意與嫉妒。男人間無論如何總會保持著彬彬有禮的禮節，但女人對待下人或僕人卻採取不可一世的自傲脾氣。從外表來看，只有那些理智被蒙蔽的男人才會認為矮小、窄肩、肥臀且短腿的存在可以被稱為「女人」。此外，女人對藝術沒有能力鑑賞，不懂附庸風雅，在音樂會上喋喋不休就像小孩喧鬧般。更別提那些所謂的傑出女性了，其實沒有幾個能在藝術上所有建樹。叔本華不客氣的指出，正因為當時普魯士的基督宗教保留了過往在法國對女性殷勤與尊崇的作風，才使得日耳曼女人自大狂妄：用現在的話來說，女人不乖？按三餐打就會聽話了！

多數學者認為，叔本華這麼仇視女人，是因為被自己的母親深深地傷害了。若在我們的時代，這種對女性的仇恨實在讓人無法苟同。如果我們仔細閱讀這篇論文（前提是你能心平氣和，不會看著看著就把它撕成兩半），我們確實可以從字裡行間找到那種「女人真是下賤」的偏見。

因為女人弱勢才該允許一夫多妻

基於對女人低下的評價，叔本華認為一夫多妻制度對女性有利：他的論點並非是為了滿足男性欲望，而是基於女人天生弱勢的前提。

從社會制度來看，叔本華反對「貴婦」階級的存在，一方面是女人和男人相比屬於次等階級，而無需被尊重，所以應當學會節儉與順從，而非給予她們學會目中無人的教育。這些貴婦的存在，使社會下層階級的女性相比之下更為不幸。因為女人的真正工作應當是：

操持家務，由男人供給吃穿用度，而不能到社會上參與活動。她們應該受到良好的宗教教育，除了有關宗教信仰和烹調方面的書，不能閱讀詩歌或政治等其他的書籍。閒暇時，也可以聽聽音樂、學學繪畫、跳跳舞、種種花草等。

叔本華認為，他那個時代的法律給予女人多過於大自然所給予的權利與榮譽。一夫多妻制度在此顯得合理，因為每個女人在一夫一妻的制度下都可獲得一個男人餵養她。一夫一妻既然限定了結婚的人數，就表示能夠結婚的婦女在數量上已經飽和，這也表示將有大量女人無法找到歸宿：

這些女人如果出生在上層社會，便會變成鬱鬱寡歡的老處女，生命毫無意義和價值；如果置身於下層社會，就不得不從事極為艱辛繁重的工作，而這樣的勞動對她們並不合適，甚至有一些淪為煙花女子，過著痛苦、屈辱的生活。但在這樣的社會環境下，她們的悲慘命運是不可避免的。

叔本華基於女人弱勢的前提（以及與他同時代確實存在著因男女不平等導致女性悲慘的景況），認為一夫多妻對女人才是真正有利的制度。如果妻子患病、無法生育或太過衰老，那我們就應該允許老公納妾、有小三。叔本華譴責的可能是馬丁路德的宗教改革，因為透過改革，納妾這種具有古老傳統的制度因而廢止。說真的，人類歷史上也沒有真正的一夫一妻制，男人總是會想辦法找到更多的紅粉知己、炮友，甚至公開擁有小三、小四或小五。與其大家互相欺騙自己，檯面上贊成一夫一妻制，私底下卻不然；倒不如讓男人可以同時擁有許多女人，並公平的供養她們每一個人。透過這種方式，女人將可回復在自然狀態下的原本模樣，使世界（叔本華所在的）只有女人，而不是不幸的女人。

有人可能會強調女人的母愛與養育，但叔本華認為，在組織家庭甚至是養兒育女上，母親比不上父親的角色。母親的愛出自本能，但當孩子長大，或當這個母親不再愛父親時，那種最初的母愛就會消失；但父愛則非如此，父愛是形而上的，父親能在孩子那裡找到自我。為此，論到家庭或家族必然出現的財產繼承，叔本華反對由女性繼承。若要由女性繼承則應當監管她們的花用，畢竟女人是理智軟弱的存在者。因此，叔本華以這樣的一段話作為整篇論文的結束：

女人天性意謂著服從。例如，我們可以看到這樣的事實，每一個在完全獨立的非自然地位的女人，都要立即依附於某個男人，使自己接受他的引導和統治。因為她需要一位君王和主人。年輕的時候，這個君王是情人；年老的時候，就是牧師了。

你可能心裡想著：是怎樣的沙豬才可以說出這般詆毀女人的內容？仔細想想關於家庭的看法，不覺得這跟他的家庭背景很類似嗎？當然，即便我們在這裡搬出他曾經遭受過的傷害，還是很難為他開脫仇女的發言內容。你可能也在想：有誰會接受這種詆毀女人的觀點啊？有的，那個人就是尼采。當他在一八六五年讀到叔本華的《意志與表象的世界》，心中不只深受感動，也怨嘆叔本華竟在一八六〇年就過世了。

提到尼采，不要只想到他的大鬍子

提到尼采，許多人腦中浮現的是那張大鬍子的照片，或是他所宣稱的「上帝已死」。如果讀過尼采傳記《瞧！這個人》（*Ecce Homo*）的讀者，會驚訝於他使用《聖經》中，本丟彼拉多向眾人宣告基督的語詞來形容自己，以及那些令人瞠目結舌的篇章，諸如〈為什麼我這麼有智慧〉或〈為什麼我這麼聰明〉。這些對尼采的看法可能會被過度放大，也可能來自不理解尼采的後人誤解：畢竟他被誤會也不是一、二天了，在他還活著的時候就是如此。

尼采生於一八四四年，父親是基督教教會的牧師（這與他日後的創作有種違和的諷刺）。一八四六年他的妹妹伊莉莎白（Elisabeth Förster Nietzsche）

誕生——這位妹妹日後將與尼采有密切關係。五歲父親過世後，尼采由一群女人撫養長大成人。年輕時的他便已展現出過人天分，常需要配合母親與妹妹不及他的理解能力，而把信件寫得簡單容易些。這段期間的尼采順從母親的要求，以他過世的父親為榜樣，進修神學。然而事與願違，年輕時的尼采讀了賀德林（Friedrich Hölderlin）的作品後深深著迷，並為賀德林撰寫專文，展現出想朝文學研究發展的企圖。一八六四年他仍進入波恩大學專攻神學，就讀一學期後，即便在神學研究領域上表現傑出，他仍放棄神學專業改研究古典語言。母親為此憤怒，但更不爽地是他竟然公開放棄了信仰。

尼采是如何放棄信仰的？或許與他所閱讀的著作有關。除了賀德林之外，他也讀大衛．史特勞斯（David Friedrich Strauss）的《耶穌傳》（*The Life of Jesus*），書中強調耶穌在歷史中的地位，否認耶穌具有神性；還有費爾巴哈（Ludwig Feuerbach）的《基督教的本質》（*The Essence of Christianity*），提到人類才是上帝的造物者。一八六五年六月可視為尼采正式放棄信仰的時間點，那時他寫信給妹妹，提到他放棄了信仰，並且將以一個真實個人的身分繼續尋求真理，以及心靈上的快樂。

一八六五年，尼采前往萊比錫大學研究。在那裡他認識了密友羅蒂（Erwin Rohde），撰寫第一本語言學著作，並且認識到叔本華這一號人物。那年十月，他（因緣際會）買到叔本華的《意志與表象的世界》，一口氣讀完後深受感動。這位被他尊敬的思想家，讓他體會到生命力的崇高。對尼采來說，叔本華幫助自己年輕的靈魂尋找到心靈的內在法則，以至於對尼采來說，叔本華不只是老師更是靈魂的解救者。一八六七年尼采加入普魯士軍隊服役，後來意外受傷。一八六八年他順利完成學業，認識華格納（Wilhelm Richard Wagner），並在一八六九年進入瑞士巴塞爾大學（University of Basel）任教直到一八七八年。

不被世人理解的天才

尼采才華出眾，24歲那年便成為教授（據說是現今紀錄中最年輕的教授之一）。不過他先是在一八六九年三月獲得萊比錫大學榮譽博士學位，爾後才在一八七〇年提出博士論文。尼采生涯看似一帆風順，但一八七〇至一八七一年，普法戰爭期間他曾重回普魯士部隊服役。這次回到部隊對他有極大影響，尤其戰爭的慘烈讓他可能患有創傷後壓力症候群（PTSD），還感染了白喉與痢疾等類疾病——有學者認為，據傳讓他精神失常的梅毒也是在這段期間染上的。受到重創的尼采開始質疑所謂的德意志精神究竟是什麼？這段期間他開始與華格納交往，因為尼采認為華格納正是那個努力拉回普魯士精神的文化工作者；華格納也熱愛這位年輕後輩，竭力將他帶入自己的朋友圈中。

一八七二年尼采發表《悲劇的誕生》（*The Birth of Tragedy*）一書，學界對這本著作評價兩極並引發辯論：尼采感慨竟沒人可以真正理解他的想法。相同地，一八七二年華格納在德國音樂領域重執牛耳，理想的音樂殿堂被建立起來了，這段風光時刻直到一八七四年華格納完成巨作《尼伯龍根的指環》（*Der Ring des Nibelungen*）且正式首演為止。尼采看完華格納巨作後感到痛苦，他覺得華格納墮落了！特別是在一八七六年後，看過拜羅特音樂節上演出的華格納，尼采覺得此時的摯友竟如此平庸媚俗，於是決定與這位深獲公眾喜愛的朋友分道揚鑣——我這樣講可能還太含蓄。你可以看看他在一八八八年出版的《華格納事件》（*The Case of Wagner*），書中對華格納的音樂進行一番「考察」，譴責華格納的音樂是歐洲思想疾病虛無主義的範例。我們似乎可以理解尼采的由愛生恨；但這是一八八八年的著作，這是尼采最多產的一年，也是他精神崩潰的前一年。

尼采受到雙重打擊：《悲劇的誕生》不受重視且被誤解，摯友華格納竟背叛兩人多年來的默契與理想（儘管這可能只是尼采單方面的臆測），加上教職與不斷創作的工作，尼采的健康越來越不理想。別忘了，他身上還留有服役時受傷染病的後遺症。此外，他與其他密友們，包括前面提及的羅蒂，也因為哲學理念的差異漸行漸遠。一八七九年，由於健康持續惡化，尼采不得不辭去巴塞爾大學的教職。此時的他已是獨立工作的哲學家了，靠著退休金與朋友還能勉強維持著生活；不過因為莎樂美（Lou Salomé）的出現，尼采將受另一個打擊。

創作鉅著前你大概需要先失戀

從巴賽爾大學離職後，尼采為了找到適合身體健康的氣候及環境，輾轉在不同地方生活。他以作家的身分繼續寫作。他的朋友從原本的羅蒂換成彼得．加斯特（Peter Gast）：加斯特是少數尼采允許可以批判自己思想及著作的朋友，他們的友誼一直維繫到尼采過世。

一八八一年，莎樂美走入尼采的生命。原本莎樂美基於健康因素與母親一起前往羅馬度假，在羅馬她遇到尼采的朋友瑞伊（Paul Rée），瑞伊對莎樂美幾乎是一見鍾情，並在信中向尼采提到這位動人的女子。出於好奇，尼采前往羅馬與兩人碰面。據說當尼采遇到莎樂美時，他驚訝地說道：「我們是從哪些星球來的，竟然會在此相遇？」（夠浪漫吧？）尼采和瑞伊都被這個美麗的女子迷住了：他們均向這位女子求婚，卻也都被拒絕了。一八八二年起，他們三個人像兄弟姊妹一樣組成教育團隊：喜愛看愛情連續劇的朋友一定可以猜到，這樣的團隊從開始就注定要失敗，畢竟是由兩個情敵加上一個共同愛慕的對象所組成。

說真的，莎樂美對尼采其實是愛恨交織。在她眼中尼采根本就是矛盾綜合體：既有智慧又過度熱情，既追求自由又過於拘泥。他們曾一起前往北義大利的沙克羅山（montesacro）散步，但兩人對這段往事的回憶完全對不起來：尼采認為那是段神聖往事，充滿許多無法實現的承諾；莎樂美卻連是否親吻過尼采也不記得。一八八二年十月，他們分道揚鑣。在經歷過幾次對莎樂美失敗的求婚後，尼采一直耿耿於懷。尼采覺得自己被莎樂美（甚至瑞伊）背叛，莎樂美卻覺得尼采的愛太過強烈。尼采的火氣不只針對莎樂美，還包括對自己的妹妹伊莉莎白，他認為正是自己的妹妹，使讓他與莎樂美無法繼續走下去。

尼采在這段感情中受到很大的傷害，嚴重到需靠鎮定藥物才能入睡。但他也在這段傷害中獲得一定的成就：用短短兩周不到的時間，創作出《查拉圖斯特拉如是說》（*Thus Spoke Zarathustra*）的卷一：這本書在尼采哲學中占有相當重要的地位。他稱這本書為「第五福音書」，將是一本雖為所有人撰寫卻無人可讀的詩集。在書中他不斷提及永恆回歸、上帝之死，以及「超人」的思想。這段期間的尼采越來越孤獨，他徹底離開與華格納相關的社交圈，放棄叔本華對他的影響。其實《查拉圖斯特拉如是說》的出版命運坎坷：

卷一與二在一八八三年出版，卷三在一八八四年出版，三卷的銷量奇差，以致當一八八五年尼采寫完第四卷時，還被出版社拒絕印刷，最後是由尼采自費印了40本。到一八九二年終於有四卷本的合輯：據說是他妹妹曾擔心內容有褻瀆宗教的嫌疑而不願將四卷編為一冊。

在一八八九年尼采崩潰前，各種打擊接踵而來：他無法獲得萊比錫大學的職位，他自認是因為自己對基督教輕蔑的態度所致。一八八六年，尼采與熟識的朋友亦是出版商的施梅茨納（Ernst Schmeitzner）決裂。他妹妹伊莉莎白嫁給反猶太人的種族主義者福斯特（Bernhard Förster），迫使兩人的矛盾衝突加增。雖然一八八七至一八八八年，尼采的健康似乎有好轉的跡象；尤其是在八八年，他有極大的創作量。不過這一切在一八八九年一月三日這天嘎然而止：那天，尼采崩潰了。

他妹妹真的沒有那麼可愛

一八八九年一月三日，尼采在義大利杜林的大街上造成一場混亂：他走向他被馬伕鞭打的馬，抱著馬的脖子哭了起來。混亂發生前，跟尼采還保持聯繫的朋友已經倍感擔憂，因為他們從尼采那裡收到許多令人不安的短信。信中包括寫著「我在秋天被埋葬兩次」等與當時時事有關的內容。他也寫信給華格納的夫人說「我愛你」。他的署名大多為戴奧尼修斯，有時也署名為「被釘死的人」。那些語焉不詳的短信還提到德國皇帝應該要去羅馬開戰，或是尼采已經創造世界等等話語。當他們的朋友收到信並趕到尼采在杜林的居所時，旅店的老闆正看顧著尼采以防他發生什麼意外，那時尼采彈著鋼琴吟唱著並叫喊著戴奧尼修斯頌歌。由於病情嚴重，他很快被安排住進精神病院。

一八九三年開始，尼采的著作被有系統的安排，連作品出版也受到控制。控制者不是別人，正是他的妹妹伊麗莎白。那時她丈夫因自殺去世，所以她回到尼采所在的魏瑪。伊麗莎白和戀愛漫畫中那種可愛「兄控」的妹妹完全不一樣：她雖有著強烈的控制欲望，也真誠愛著兄長，但她展現出來的謀略卻不是那些可愛撒嬌的妹妹們可以相比的。早在一八八二年她和莎樂美相遇時，就已經表現出那種充滿嫉妒及高傲的態度：她認為莎樂美應當要為哥哥發聲，卻沒有在公開場合積極為尼采辯護。她們還曾在搭車外出時發生激烈爭吵，以致伊麗莎白對莎樂美充滿恨意——這也是前面所提，尼采認為是妹妹破壞姻緣的兇手之緣故。

尼采生前跟妹妹（還有媽媽）的關係時好時壞。當伊麗莎白重新控制尼采著作的出版權時，這些問題更為嚴重：特別是當一八九七年母親去世後，伊麗莎白完全控制他生活中的一切。她最終選擇與加斯特合作整理尼采的作品。同時也找上魯道夫・史坦納（Rudolf Steiner），與這位尼采第一本傳記著作者成為合作夥伴，並希望史坦納能幫助她理解哥哥的哲學內容（不過幾個月後史坦納放棄了，她就是學不會）。伊麗莎白最具爭議的作為之一，就是將尼采未發表的手稿整理成《權力意志》（*The Will to Power*）一書出版：伊麗莎白憑藉個人喜好重新整理，所以若說這本著作能代表尼采或許有些爭議。有學者指出，伊麗莎白這段期間重新建構尼采為德意志精神的象徵。

一八九七年，當尼采搬到銀光別墅時（這房子現已成為尼采檔案館），她已經大量蒐集尼采的文稿，甚至搭建個小舞台，要生病的尼采上去與大家揮手致意。而這或許正是伊莉莎白貫徹她所認為的權力意志的表現。

尼采在一八九八年與一八九九年連續兩次中風，以致無法走路或說話。一九〇〇年八月他三度中風，並迎接過世的結局。他沒有結婚，兩位明確的求婚對象——除莎樂美外，還有他在一八七四年熱烈追求過的瑪詩德勒（Mathilde Trampedach），都因為他過度熱情的追求而受到驚嚇。最終在妹妹的陪伴下（或控制下），走完人生最後十年。他和叔本華一樣，周旋在女性家人的中間，受盡傷害與忍受痛苦，最終產生對女性的厭惡感，而終生未娶。

8

你打算如何挑選另外一半呢？

——效益主義

在整個哲學史發展的歷史中，效益主義（Utilitarianism）的主張是最能夠被我們立即實際用在生活當中的學說：其實生活中已經天天在運用了，只是不一定知道那就叫做效益主義而已。提出效益主義的兩位哲學家——邊沁（J. Bentham，一七四八至一八三二）與彌爾（John Stuart Mill，一八〇六至一八七三）都曾將它應用在男女感情的問題上：儘管兩個人的婚姻故事並無精彩或複雜的狀況：邊沁未婚，而彌爾有過一段婚姻且過得相當幸福。但他們主張的效益主義卻能在挑選另外一半這件事上給予我們實質的幫助。

人有先來後到，事有輕重緩急

我們先稍微理解一下效益主義的主張，如此在後面談邊沁或彌爾的想法時會更清楚。效益主義以前稱為「功利主義」。功利這個詞彎負面的：若有人說你是個「很功利的人」，感覺是嘲諷貶抑而非讚美；另外，效益主義的英文為Utilitarianism，原本的意義強調人應該透過評估與推算過程，獲得最理想的結果，我們現在將這樣的主張稱為「效益主義」，以突顯經由評估推算所能獲得「人有先來後到，事有輕重緩急」的精神。

效益主義的基本精神與評估推算有關，並且期望獲得最好的結果，所以看重行為的整體或最後結果，以此決定此行為是否道德。效益主義的支持者認為，善惡都可以被量化——雖然我們不一定懂得行為的量化，但我們一定知道事情嚴重性的比較（這就是我們每天都在說的事有輕重緩急），這種嚴重性的比較就是一種量化方式。比較的結果有兩種可能：正面來說，我們希望所得結果是「最大量，也就是最大的幸福，而且多多益善」；從反面來說我們可以「趨善避惡」，即在眾多爛蘋果中挑出一個比較不爛的（如選舉的感覺），讓自己的損失降到最低。

可是有時候我們也必須注意到比較之後做的選擇，不論選哪一邊都有可能傷害到另一邊。兩個超強的對手比賽，若只能選一個晉級，難免會有遺珠之憾；同樣的，戲劇或電影裡的女主角若必須要在兩個男主角中選一個時，就會傷害到沒被選上的那一個。這種必然存在的傷害，我們稱為「必要之惡」。當然，效益主義者的支持者會認為，如果結果是好的，那麼過程中即便有什麼不太理想的狀況，也能夠接受。例如為了掩護大部隊的撤退，我們可能需要犧牲極少數的隊伍，讓他們為全體殿後。如果最後大部隊能安全撤退，並保存著戰力，那麼即使我們犧牲了少數隊伍，就結果來說還是可以接受的——當然你可能想到七傷拳（金庸武俠小說《倚天屠龍記》中崆峒派的武功）那種「傷敵一千自損八百」的慘況，可是就結果來看，只要獲勝了，慘勝的代價還是可以接受的。

如果我們把必要之惡放在感情當中來看，那麼必要之惡可以被認為是選擇必須付出的代價。這種狀況在兩人限定的愛情世界裡比比皆是：偶像劇中，男主角最後如果跟女主角在一起，那麼喜歡他的女二只能失戀。假設男主角跟女主角在一起是我們期望的結果A，那麼必要之惡就是女二必須要失戀，後者作為結果B，是結果A必然帶出的附屬狀況，是我們可以接受的發展。這皆可以當作是必要之惡的例證。反過來說，雖然必要之惡存在，卻不該是我們主動期望的。「男主角跟女主角在一起，所以女二失戀」，女二失戀作為必要之惡不是我們主動願意的；但如果「男主角為了讓女二失戀，所以跟女主角在一起」，這是將女二失戀作為必要之惡就可反過來證明男主角的不道德；在許多日本（後宮）戀愛動漫中其實可看到，當諸多女孩喜歡男主角時，最後無論他怎麼選擇，勢必會有許多女孩失戀，而支持其他女生的粉絲可能會因此傷心或暴跳如雷。不只感情世界，生活中亦有各種在選擇之後不得不的產物，或者是必然的結果——就像是為保護生命而拆除某器官的手術，或是為了工作賺錢得犧牲某些想要的娛樂。但無論如何，我們總是能依據天性進行某些特定的選擇。

你或許會覺得：這有什麼了不起？我們都知道啊。但對邊沁或彌爾來說，可不是這麼簡單的事，因為在他們提出效益主義的主張以前，還有很多人沒辦法將這主張說明清楚。

沒有結婚的邊沁和他提出的婚姻法

邊沁與效益主義關係密切，一提到效益主義我們就會聯想到他和彌爾。雖然他在一八三二年已經過世，但你現在還看得到他本人：不是畫像，也不是雕像，是貨真價實的本人。他死前留下遺囑，要求將他的屍體整理後放置在由他創辦的倫敦大學學院（University College London）的迴廊上，如果你到那裡就可以看見他（雖然他的頭因防腐失敗改以蠟作代替）。

邊沁雖然沒有結婚，卻將上面我們所提到，關於效益主義的主張應用在婚姻的法律上。他曾在一七八〇年間起草一份法律文件，其中包含與婚姻相關的條文，這些文件後來由他的朋友杜蒙（Étienne Dumont）加以出版。如果我們看過他寫的法律條文，就會感受到他希望透過效益主義，讓大家在婚姻上都能獲得最大的好處。

當邊沁在思索婚姻的相關法律時，他的想法是：婚姻是種「如人飲水冷暖自知」的行為，不管你在肉體上還是心靈上，對婚姻感到快樂或是痛苦，那都是你個人的感覺。所以若今天要用法律來控制社會婚姻，所做的只是在合理範圍內控制個人的手段，至於個人對婚姻的「感覺」不在法律的管控中。若想用法律控管制度，邊沁認為效益主義是一個理想的主張。首先，男女結合確實能帶來快樂，所以政府應當讓這種快樂在社會實踐上成效越高越好。為此，與婚姻相關的法律在設計上必定要能確保婚姻的幸福，因為婚姻契約是法律所規範中最重要的一種。與之相反，任何會阻礙婚姻快樂的事物都是邪惡的。所以政府在設立婚姻法律時，必須盡可能讓最多的人享受到婚姻所帶來的快樂：雖然他也承認，可能會帶來強制性法律在執行時發生痛苦的必要之惡。

邊沁建議，如果婚姻法要成為對社會大眾有強制力量的法律，那麼一夫一妻制對社會是大有好處的。邊沁在這裡可能回想起他的哥哥，他的哥哥在婚外情的情況下生了三個女兒，並且帶來一定程度的痛苦與煩惱。可能有人會說：「適當的偷吃有助婚姻的幸福。」對邊沁而言，這正好就是「婚姻的悖論」：婚姻的幸福與性生活的滿足彼此矛盾，尤其一夫一妻制的婚姻限制了我們在性伴侶上的選擇及自由。但是他相信，這種限制帶來的好處遠超過因為限制性生活而帶來的痛苦，特別是避免夫妻間因為忌妒、衝突甚至濫交所帶來的弊端，也能保護不論是男人、女人，甚至是孩童的權益。

重點是快樂而不是婚姻

邊沁確實主張一夫一妻為婚姻最主要的基礎，他也相信此制度能杜絕其他所有可能的婚姻形式，尤其可以避免亂倫的婚姻（這在邊沁年代的歐洲貴族中孿常見的）。不過，千萬不要因為邊沁堅持一夫一妻，就認定他是個食古不化的保守傳統衛道人士：他始終考慮的是對（當時）社會最好的選擇。例如，他認為若我們仔細觀察，就會發現有些國家在關於婚姻法律的制定上，呈現出「越柔性就能帶來越多幸福」這樣的傾向。所以他主張，婚姻契約應該被執行，但不可太過嚴格，睜一隻眼閉一隻眼反而對婚姻有幫助。邊沁確實認為若違反一夫一妻應該要懲罰，但懲罰方式以譴責為主，而非對身體施加處分。

我們再三強調，邊沁的所有考量都是出於最佳利益的角度，以兩個例子來說明他如何看重社會的最佳利益。例如一七八六至一八七八年，他前往俄羅斯拜訪自己的兄弟後，提出巨大圓形監獄的概念，這就是後世所稱「全景監獄」（Panopticon）的管理方式。獄卒可以透過中央監視塔的方式，有效監管所有犯人，即透過少數管理人員管理龐大的囚犯人數。另外，為了節省開支，邊沁還提出讓囚犯當勞工的想法，以便增加監獄的收入——這種以犯人當作勞力收入貼補監獄支出的概念，在現代電影或監獄管理中是很常見的觀點（像許多人的童年陰影《力王》，或超帥氣的傑森·史塔森演的《玩命尬車》都是如此），但在邊沁的年代卻是一種創舉。可惜，邊沁的計畫在當年因地主及貴族的反對而作罷。除監獄外，邊沁對街友也有特別的觀點：他主張，街友們應該被集中管理，每日給予適當的勞務工作賺取生活費。他另外特別規定某些特質的人必須集中，像街友又是老女人的就應該被單獨關在一起：確實，這個想法對女性有偏見，但請特別注意他是以管理上的方便，或是以社會整體最佳利益去考慮的。

就因為是以社會整體利益去考量，所以邊沁對其他與性或婚姻相關的意見著實和當代格格不入。像是邊沁有意提出臨時或短期婚姻契約，以解決當時離婚不易的問題。另外像性工作者，這些人的存在是不爭的事實。邊沁雖然認為這工作不妥，但並未特別非難，因為他清楚自己所屬的那個時代，從事性工作的女子多半基於貧困的緣故，且當時的社會事實是：接受救濟的女性人數多於男性。他注意到，性工作在當時帶來不少社會問題：例如性病傳播、父不詳的孩子，甚至出現殺害兒童或墮胎的舉止。所以邊沁對性工作的解決很務實，例如設立幼童專門醫院，好收留那些被拋棄的孩子；另外也應當通過節育來減少貧困的問題。性工作者則透過加入國家設立的工廠，獲得生活所需之保障。既然性工作者的產生與經濟問題息息相關，若能找到合適的工作，他相信女性從事性工作者的數量將會減少。為此他提出另一種形式的禁令，即立法禁止男性從事某些工作以保障婦女。

邊沁透過效益主義的概念去看待婚姻及相關問題時，強調男女間是平等的——雖然有些主張真的頗怪，但他更在意肉體的歡愉並不限於男性或女性，而是一種人類應該享受的快樂。邊沁在這些議題的處理上確實符合效益主義的需求：透過少數的必要之惡（例如較高雅大方的性工作需求、短期同居／

婚姻契約）來達致最大量的幸福（解決生計問題、避免不幸的婚姻拖垮兩人甚至雙方的家庭）。

要當先驅就要什麼都包括在內

邊沁基於效益主義的立場考慮許多與人類社會相關的事情：從婚姻、監獄、街友到動物都考慮了——嚴格來說，他可算是動物保護的先驅，因為他肯定動物是有感覺甚至有情感的！此外，亦撰文保障同性戀者的權利。早在一七八五年，他就寫了一篇名為〈自傷之罪：父權制度〉（*Offences Against One's Self: Paederesty*）的論文，這篇論文是有史可考，為英國第一份捍衛同性戀者權利的文獻：你可以想像，在那個年代，從事肛交行為的人一旦被發現將受吊刑處死；就算沒被處死，也會受到道德及宗教上的處罰。邊沁基於效益主義的考量，認為同性戀不會影響人口增長，也不會威脅婚姻制度——早在古希臘羅馬時代，同性戀就已盛行，到如今人口不是仍舊大量增長嗎？

不過邊沁可能因為考慮到自己所處的時代環境，並擔心個人安危，並未在生前發表這篇作品。

儘管基於實際的理由捍衛同性戀者的權利，文章的副標題仍取名為「父權制度」，他主張我們之所以對性愛或同性戀採取負面及反對態度，是基於我們活在父權制度的陰影下。邊沁認為，性愛本身或是同性戀並不帶有負面的價值；相反來說，兩人之間的性愛如果正當使用卻能帶來愉悅，甚至某些被視為是變態或噁心的行為，只要在雙方合意的情況下，反而能帶來最大的快樂。不過邊沁反對那些違反自由意志狀態下發生的行為，那個叫做強姦——我想如果他看到現在的BL漫畫，對於攻與受大概能接受吧！不過他會認同把直男強行掰彎的劇情嗎？——因為是兩情相悅，所以不論是性愛或同性戀在人際團體中都不會為人帶來傷害。人際團體中有人在一起，但也有人未接受任何感情，只要運用得當，就不會有那麼多危險和痛苦了。

如果同性戀不會造成什麼傷害，那我們為什麼要懲罰同性戀者呢？如果說他們骯髒，那其他更為骯髒的性行為我們為何不懲罰？如果要說同性戀會讓人氣力衰敗，就得拿出證據來；如果說這與古代崇尚男子氣概的光榮不同，那會有一群古希臘、雅典與羅馬的眾多勇士們站在你的背後而且非常火大，在那個年代中，很多人擁有同性伴侶，甚至沒有人對自己有這種行為感到羞愧。試問你還有什麼理由反對呢？

總之，邊沁認為我們把性和同性戀汙名化！性被汙名化，可能來自過往的歷史中，那些鼓勵從事與性相關歡樂的領袖被認為是邪惡的化身，像是尼祿（Nero）或其他的羅馬暴君。邊沁認為，我們剝削了人類享受本性快樂的權利，甚至誇張到連享受美食都被認為是邪惡。所以我們應該允許合適的快樂，包括對同性戀的態度；政府只要給予人民追求與保障幸福的自由權利，大自然將會依其本有的自然規律成就人類生命的延續及增長。

邊沁的主張或許受限於他所看見的內容（有的誇大，有的不一定符合史實），但這是一種效益主義的運作方式：考慮到個人的需要，也考慮從個人到社會的大多數人利益。同性戀雖然讓人感到「特殊」，但從整個社會來說卻是有助益的——或用比較保守的講法，至少不會帶來壞處。所以從整體角度來看，反對同性戀甚至懲罰同性戀其實並不符合效益主義。

愛上人妻的哲學家

總括來說，邊沁在許多主張上都令人敬佩：別忘了他身處在十八世紀那個男女不平等且禮教吃人的時代。你可以懷疑他沒有結婚，也可以懷疑他將效益主義應用在政策與法律制定上實在太過夢幻、不切實際。但彌爾卻是真的將效益主益實踐在感情生活中，讓我們看到愛真的可以透過尋求效益最大化而得到幸福。彌爾曾經是邊沁的祕書，他也支持並主張效益主義。和邊沁不同的是，彌爾有結婚；和羅素不同的是，彌爾只結了一次婚。不過這段婚姻頗具戲劇化的，因為他愛上了人妻。

彌爾的妻子是海瑞德．哈迪（Harriet Hardy）。海瑞德18歲那年就和丈夫泰勒（John Taylor）結婚了，婚後產下三名孩子。一八三一年她和彌爾首次碰面，因為她的丈夫知道妻子關心女權，也知道彌爾主張男女平權，所以特地邀請彌爾到家中共進晚宴——海瑞德此時早已被彌爾深深吸引，即便此時彌爾只將她視為學術交流的對象而已。泰勒日後可能會覺得頭上綠光罩頂，因為18個月後彌爾寫了一封情書給海瑞德，海瑞德即決定兩人不要只是友達以上，戀人未滿，而是更進一步。這段期間他們無所不談，包括婚姻、分居甚至離婚等相關議題。兩人關係過分密切，一八三三年泰勒同意與海瑞德分居，讓她隻身前往巴黎。儘管海瑞德深愛著彌爾，卻仍對丈夫感到十分愧疚：這事很快就傳開來了，她承受著不少輿論的壓力。

隔年海瑞德回到倫敦，住回自己的家中。這段期間彌爾常來拜訪她，也會帶著她與孩子們一起旅行。為避免節外生枝，海瑞德沒有離婚，直等到一八四九年丈夫過世，這段婚姻才算結束。丈夫雖然過世了，兩人為避免落人口實，硬是多撐了兩年才結婚。對彌爾來說，海瑞德是幫助極大的另一半，特別是在反對家暴、維護女性權利、男女平權的事上，是他能一起討論與思考的夥伴。可惜他們的婚姻僅維持了7年——不是七年之癢之故，而是一八五八年彌爾因病過世。

對女性權利的維護必須給彌爾記上一筆大功勞：那個年代男人對女人充斥著各樣貶抑的說法：如果你忘了那個時代男人有多麼瞧不起女人，可以往前翻幾頁複習一下叔本華怎麼談論女人。你要知道他可是繼亨利．亨特（Henry Hunt）後第二個主張應該給予婦女選舉權的人。彌爾懷疑，同樣都是人，憑什麼女人在法律上要完全從屬於男人？更進一步，為什麼在他所屬的時代，所有女性與絕大多數男性一出生，其奴隸的職業技能就要點到全滿？彌爾主張，這些觀點全是錯的，都是阻礙人類進步的元兇。你可能很難想像，他寫了一本《婦女的屈從地位》（*The Subjection of Women*）來證明女性應當擁有和男性相同的地位。在書中他主張：女性之所以受到壓抑，是因為當時的社會存有性別歧視、限制女人受教育的權利，以及糟糕的婚姻制度。如果想要改善，女人就應當受到解放，應該讓她們受到完善的教育，才能建立起良善的人際關係。他進一步主張：應該修改繼承財產的法規，讓女性保有自己的財產，也應當允許女性在外工作以獲得獨立的財務基礎。

彌爾不論是在婚姻上，或是在對女性權利的維護上，都貫徹效益主義的主張：在婚姻方面，為了獲得最好的結果（能和海瑞德結婚），即便其丈夫過世後，他仍持續忍耐兩年才迎娶心愛的女人（這是必要之惡）；在女性權利方面則是為了社會最佳的狀態（男女平權以獲得整體社會的進步），而與當時保守的環境對抗（這也是必要之惡）。不論彌爾或邊沁，都讓我們看到效益主義的主張切合實際需要。這樣的切合不但在他們的主張裡，也在我們選擇另外一半的考慮中。

用哲學理論找另一半就是這麼簡單

我們在邊沁那看到他如何將效益主義應用在婚姻上，也從彌爾那得知他如何用效益主義追到人妻，對不起，正確的說是如何將效益主義應用在自己的情感及婚姻，還有對男女平權的主張上。了解效益主義的主張後，我們可以用這樣的哲學主張來幫助自己，尋找適合自己的另一半。

根據效益主義的想法，我們可以建立如公式一般的參考條件，而且這種參考條件能適用於所有人——包括同性戀朋友。既然要適用於所有人，那麼屬於私人領域的，像是長相如何、身材怎樣、年齡差等條件，雖然如邊沁認為的可以為身體帶來性愛的歡愉，但這都只屬於「青菜蘿蔔各有所好」的私人領域。外型很難得出普遍化的內容，就算化約成普遍化條件（像是男人都喜歡胸部大的）也很難成為有價值的參考條件。扣除這些容易因為個人因素產生改變的外在條件，效益主義對感情選擇的建議至少會有這幾點建議：

首先是個性。不知道你有沒有特別喜歡什麼樣個性的對象？「個性好」不算答案，因為我們沒有辦法定義什麼叫個性好（沒辦法，念哲學的總是會問如何解釋或定義一個詞）。不論你喜歡什麼樣的個性，記得代入必要之惡，把這樣的個性顛倒過來，讓優點變成缺點，就能幫助我們設想：這樣的個性在爭執或情感不順時會如何？例如若你想要的對象是愛老婆的男人，那其缺點可能就是會不斷打電話給老婆，而且黏人又麻煩，對於習於獨立堅強生活的人或許就無法接受。

其次我們想要門當戶對。很多人看到這個詞會覺得這是守舊、古板或悲劇的愛情電影（特別是平凡男女與富家子女的戀情），而忽略感情有時需要透過客觀條件的接近來降低婚姻失敗的風險。三星集團的千金大小姐李富真和自己的保鑣任佑宰就談了場門不當戶不對的戀愛，結婚之後巨大的背景與家庭差異才真正顯現出來：李富真在三星集團內一路憑藉努力扶搖直上，任佑宰被迫前去美國學商，兩次自殺都被救了下來，在女強人的老婆面前抬不起頭，最後兩人只能以離婚收場。這裡要提醒的是，效益主義並不是說，條件差異過大就一定不是真愛或不可能在一起，而是它需要克服的問題太多。那麼你是否願意付出更多努力來克服呢？如果你清楚自己做不到，不如為自己創造出最好的狀態，或想辦法避免最糟的情況：這才是門當戶對的正面價值。

如果考慮過門當戶對，也就是你考慮過生長背景或家庭狀態，那麼接下來你也可以考慮客觀條件。和門當戶對類似，客觀條件差異越大，需要付出的努力越多，兩個人在負面效益增加的情況下，失敗的風險也越高。我們這裡所說的客觀條件，包括學歷、收入、職業類別，甚至國籍等等客觀的內容——這個比門當戶對容易考慮。對方的國籍代表著不同的文化；又或者在一般狀況下，收入高代表工作量可能較大；學歷高低則可能會影響你們的相處甚至是爭執時對事情的看法。

你可能會覺得，上面這些談到的不是常識嗎？有必要專門花篇章寫出來嗎？效益主義在思考上是很理性的，但身為人的我們卻是很感性的。上面這些所謂的常識雖然看起來很普遍，但也有無法應用到的可能。

幸福你享責任我扛

雖然我們是從大多數人可以接受的角度來看擇偶條件，但那些不在我們「大多數人」當中的少數人該怎麼辦？這個問題用比較哲學的術語來說，就是指個人－群體之間的衝突與張力。

二〇一四年有一部日本漫畫作品《戀愛與謊言》（恋と嘘）開始連載。姑且不論這部作品後來的內容，它的設定上跟我們這裡所說的效益主義確實有關：這部漫畫假設日本政府透過大數據，為每個16歲的日本青少年配對最合適的另一半，條件正是我們所提到的那些。如此可以讓日本整個國家不論在優生保健或在降低離婚率（減少社會成本）上，獲得最大的好處。我們來假設，如果你生活在這世界中，你能接受被安排且受保證的幸福嗎？

很多人可能直覺是：不要，這樣我就失去愛一個人的自由。這就是效益主義可能存在的問題，因為在個人與公眾間存在著複雜的關係。我們常在戲劇中看到家族長輩為下一代決定婚姻大事：死心塌地的女主角即便知道為了兩個家族（或國家或企業），她必須嫁給男主角，但她還是願意犧牲自己的一切，成全家族長輩的期望。當我們感慨女主角怎麼這麼傻的時候，我們似乎忘了，按效益主義的想法，這樣的婚姻若能促成兩個家族的最大利益，那麼犧牲幸福似乎是合情合理的。我們也常沉浸在戲劇中而忘記，真正造成問題（或犧牲了女主角）的人是那些自作主張為子孫後輩下決定的長者（們）。長輩感到幸福，卻將不幸福的責任交由男女主角來扛：還真的是「爽到你，甘苦到我」的最佳寫照。

不論如何，效益主義總是相信我們具有理性，可以做出最好的安排或評估——縱然剛開始戀愛與交往一段時間後，兩人在意的地方不同。不過，即便我們總是「當局者迷，旁觀者清」，也能獲知該如何抉擇，即便結果不如預期。

9

你能單純選擇自己想要的幸福嗎？

——馬克思

你有沒有想過，你對另外一半的要求是什麼？這個問題看上去像似在詢問擇偶條件，卻也是在問生活周遭朋友、家人們對這事情的看法，或問原生家庭對你有哪些期待？一般說來，我們對另外一半的要求，除了最基本的以外（最基本的大概就是可以一起打拼工作，或期望家庭背景相近），其他的大概都與個人喜好有關，無對錯之別。事實上，我們選擇對象的條件會受到社會文化的規定。就學時，當你說喜歡的人是某某時，可能會遭眾人嘲笑；大家會批評對方的長相，或覺得那個人有缺點，這時，你還會繼續堅持你的情感嗎？出社會之後，你和另一個人談戀愛，如果他為了堅持自己的理想長年收入不豐，你會默默支持他追逐夢想，還是要他早日認清現實呢？這些問題在馬克思（Karl Marx）與燕妮（Jenny Marx）這對夫妻身上都出現過。他們是平民娶貴族的愛情，為了堅持理想而被迫離鄉背井。這一故事的結局既美麗又悲傷：當兩個人七老八十，仍維持如新婚一般的甜蜜浪漫。當燕妮早馬克思一步離世時，他整顆心都碎了，直到過世前都還未走出喪妻之痛呢。

比青梅竹馬還浪漫的愛情故事

我們這裡說的馬克斯，就是那位因提出「馬克思主義」而大名鼎鼎的馬克斯，他的友人就是著名的恩格斯——如果你去找恩格斯年輕時的照片，會發現他長得很像主演蝙蝠俠三部曲的男主角克里斯汀．貝爾（Christian Bale）。我們都知道馬克思主義對後來世界產生的影響甚大，卻不知道他和妻子燕妮的故事竟然如此浪漫。馬克思於一八一八年五月五日出生於德國特里爾，從年少時就和燕妮這個大他四歲的小姊姊相遇：青梅竹馬加上姊弟戀，簡直就是愛情故事的標準起手式。

不過這裡埋了一個伏筆：燕妮的家世顯赫，是貴族之後。祖母是蘇格蘭貴族，父親是當地的政府參事，加上父輩家族曾有人以公爵的戰爭參謀身分陪同貴族出戰，因此自小就有許多人上門提親。相較之下，馬克思不過是個中產階級的兒子，兩人在身分上一開始就有落差。相遇後，因為雙方皆有良好的閱讀背景與文學素養，很快就被彼此吸引，進而變成親密的朋友。當馬克思說，他認為燕妮是特里爾最美麗的女孩時，他已經深深地愛上這個可愛的小姐姐了！馬克思18歲的時候就和燕妮訂婚，23歲取得學位時便想把燕妮娶回家。但考慮到日後生計問題，他們仍過了兩年才結婚。

燕妮嫁給馬克思，讓她受到家裡很大的責難：這樁婚姻可是貴族下嫁給平民。兩人的婚姻日後受到相當程度的攻擊，尤其在他們經濟困難時，雙方家族竟沒有任何一個人願意支持這對年輕人；特別是女方，畢竟對他們來說這太丟臉了。不過，若是比較燕妮在家裡所遇到的困難，和她日後將要遭遇的，都算是小巫見大巫了。燕妮有很長一段時間「身不由己」，必須依靠馬克思能否留在某個國家，或是否會被驅逐出境，才能決定她接下來要住在哪裡。

讓我們來看看這家人四處流浪與被驅趕的歷史吧！這樣你就會發現燕妮的偉大。一八四三年，新婚的馬克思接任巴黎激進左派報紙的編輯，同時也不斷發表對歐洲貴族或資本主義的批判。由於他發表的文章批判力極強，最終連累報社關閉。還好隔一年他認識了恩格斯（Friedrich Engels），兩個人惺惺相惜，成為終身好友，且共同合寫《一八四四年經濟學哲學手稿》

（*Economic and Philosophic Manuscripts of 1844*）這本書。由於普魯士國王實在太厭惡馬克思，遂對法國施壓，最終法國政府決定將馬克思驅逐出境。這時候燕妮已經懷有身孕，只好帶著女兒獨自旅行，順道回國探望母親。

一八四五年，馬克思一家人移民到比利時布魯塞爾暫時落腳。比利時政府同意的不爽快，是在馬克斯答應「不發表任何與當代政治有關文章」的前提下才允許他帶家人搬遷過來。馬克思確實沒有發表「與當代政治有關的文章」，而是在一八四八年與恩格斯發表了著名的《共產黨宣言》（*The Communist Manifesto*）！比利時政府火大了。馬克思住在比利時的期間，除了去倫敦考察可用的學術資料還在政府可接受的範圍外，其他像是跟流亡的社會主義支持者保持聯繫，還有支持比利時境內採取革命的工人團體……等這些事情，早讓比利時政府對其恨之入骨。現在竟然還出版如此驚人的作品！這豈不是造反了？比利時立刻下令驅除馬克思——這次連燕妮也被布魯塞爾警方拘捕，而從比利時趕出去。馬克思、燕妮以及他們孩子先是前往巴黎，又輾轉搬到科隆居住。不過《共產黨宣言》已經掀起歐洲革命浪潮，包括德國在內，許多國家爆發革命。普魯士當局一氣之下將馬克思驅逐出境。

這次馬克思一家人先前往法國，之後再到倫敦落腳。他們在倫敦待下來其實有些迫不得已：因為燕妮懷了第四個孩子。然而全家人無法進入普魯士又沒辦法回到比利時，只能在倫敦尋求庇護。

從一家人正式移居倫敦，到馬克思與燕妮過世前，都未曾再因政治因素被驅趕而搬家。中間唯一的搬家，是利用燕妮母親過世所留下來的一筆遺產，全家搬到比較舒適的地方。剛移居倫敦時，馬克思全心致力於革命事業，家裡經濟困頓，這段期間主要是靠恩格斯的支持才能渡過。馬克思以撰稿為收入來源，也因為能在報章雜誌上發表文章而接觸到不少工人階級朋友。不過他亦曾經歷因經濟與銷售的影響，編輯部縮減他稿件數量的景況。馬克思在倫敦大量累積研究的成果，且不斷參與在共產革命相關事業中，包括一八六四年參加國際工人協會（即所謂第一國際）；一八七一年為聲援巴黎市民反抗政府並占領城市後遭到鎮壓，而撰寫《法蘭西內戰》（*The Civil War in France*）一書。一八六七年期間，馬克思更完成他最重要的著作《資本論》（*Das Kapital*，或稱 *Capital: A Critique of Political Economy*，《資本論：政治經濟學批判》）和《剩餘價值論》（*Surplus value*）。直到這個時候，我們或許才能說馬克思一家終於苦盡甘來：一八七〇年代初期，俄文版的《資本論卷一》一刷三千冊；一八七一年秋天德文版《資本論卷一》第一版賣完，進入第二版。

燕妮這段期間過得辛苦：被迫流亡海外，丈夫租房子時為避免被當局找麻煩，還得使用假名作為掩護。其中一段空穴來風的軼事：曾為馬克思工作的女管家海倫曾經生下一個男孩，取名為亨利（Henry Frederick Demuth）。但是因其出生資料上父親欄是空白的，所以有人認為，亨利的父親就是馬克思——雖然也有人認為，亨利的生父應該是恩格斯。這是段無法證實的軼聞，可能來自想要故意醜化馬克思的人所散播的謠言。

燕妮在一八八一年底因肝癌過世，享年67歲。離開前的那段時間，馬克思亦身患重病，但只要他早上起床覺得身體尚可，就會專程來到燕妮的房間，兩人相處如熱戀男女般甜蜜溫暖。當恩格斯知道燕妮過世後說：「馬克思也死了」——恩格斯清楚燕妮對馬克思究竟有多重要。他們一起走過漫長的年月，燕妮是馬克思最強的支柱，是他的祕書：馬克思因思路快、字跡潦草，手稿在送印前，燕妮會重新謄寫一次。現在最愛的人離開了，馬克思無法抑制自己的悲傷。他曾聽醫師勸告搬往較為溫暖的地方居住，但不論到哪他就是無法忘掉燕妮，也抑制不住自己的悲傷。這份悲傷一直到一八八三年三月十四日才算畫下句點：那天馬克思也追隨燕妮的腳步離開了。日後兩人共同安葬在倫敦的海格特公墓。

馬克思究竟有多愛燕妮呢？用他的〈給燕妮〉（*To Jenny*）一詩中的一句即可代表：該詩第二節，他以大寫字句寫下「愛就是燕妮，燕妮就是愛的名字」。

聽好了你們這些社畜！

馬克思與燕妮的愛情可說是無產階級戰勝資本主義的偉大範例：不只是她以貴族身分嫁給平民階級的丈夫，不只是她為丈夫整理書稿或提供意見、成為丈夫的後盾等，也不只是她親切接待支持革命的友人。燕妮與馬克斯的故事告訴我們，在神聖的愛情面前，所有社會階級都是虛假的，而我們的擇偶條件很有可能是社會為我們所建構，卻不一定是真正適合我們的特定條件。

大部分人提到馬克思就會聯想到「階級鬥爭」，但什麼是階級鬥爭？簡單來說就是社畜奮發向上的過程。社畜（しゃちく）是日本上班族的自嘲用語，指稱自己是公司養的畜牲。每天上班打卡，下班仍得無薪加班；如果某件事老闆說那是你的份內工作，就算沒有錢你也得一直做下去。但是不斷工作的你並不會真的比較快樂，每天靠咖啡與能量飲料提神，卻越工作越貧窮（即工作貧窮現象）。最終，你可能過勞死，然後宛如機器零件一樣被丟掉，由另外一個人來代替你的工作。早在一九二七年，一部劃時代的電影《大都會》（*Metropolis*）就在描述這種狀態。這部電影誕生於默片時代，它算是史上最貴的默片。在IMDB這個評分網站上，這部將近一百年前的電影在滿分10中獲得8.3的高分。電影描述二〇二六年（正好與我們的年代接近），人類形成兩大階層：資本家與富有的人住在富麗堂皇的地方，每天享樂；貧窮的工人卻長期在地下城市內工作，每天與機器為伍——兩個不同的極端世界。而我們，應是位於貧窮的這一端…………。

馬克思思考與觀察人類的歷史，認為社會進步與這些被壓迫的勞動力有關。與我們相對的那群有錢人，被馬克思稱為上層階級；我們這些貧窮的人被稱為下層階級。身為社畜，必須每天工作領薪水，想辦法養活自己和家人；但含著金湯匙出生的人，一出生就不愁吃穿，讓人好生羨慕。在資本主義的運作下，大部分能用來生產的資本早已被資本家所掌管。我們這些沒有資產的下層階級，甚至是「無產階級」，卻怎麼樣也無法擺脫這景況。因為上層階級透過特定方式控制下層，包括傳統的法律、道德或宗教，和特定的風潮或流行。馬克思相信，唯有無產階級起來反抗壓迫與剝削，資本主義才會被擊垮，爾後無產階級專政，才有可能實踐真正的平等與自由。

以二〇一一年所發生的「占領華爾街」（Occupy Wall Street）運動中的口號為例：當時許多人起來霸占華爾街，並喊出美國絕大部分資產被1％富人占有的口號（或用更為聳動的講法，1％的人占領了99％的財富，雖然可能只是口號，卻可能與事實相距不遠）。其實這就是階級鬥爭的前提，華爾街的狀況在倫敦老早就已經上演了。馬克思在倫敦生活許久，清楚知道工業革命後英國的貧富階級差異。這樣的差異在我們提到的《大都會》電影結尾中得到救贖：結尾帶有對未來充滿希望的表達，他們的希望來自不同階層間的愛情與相互理解，但若將電影投射到現實世界中，卻得面對差距越來越巨大的困境。這種極端化的狀況不只在階級上，也表現在愛情上。

愛情是階級的模樣

如果按照馬克思對社會的理解，這個社會是兩個階級彼此鬥爭的結果，我們在價值與選擇上不自由：因為我們所接受的價值觀，是來自上層階級告訴我們的，是他們希望我們去相信或擁有的。就像宗教一樣，馬克思認為宗教是上層統治下層所使用的王牌武器之一。宗教能安撫人心，能讓下層被統治的勞動階級懷抱著來世有翻身機會的夢想，所以宗教就是馬克思主義中所謂的人民鴉片。宗教其實不能改變無產階級被奴役的悲慘命運，因為那是上層階級為鞏固自身利益而給予下層階級的錯誤希望。馬克思被稱為唯物論者，相信物質決定觀念，物質也優先於心靈。上層階級為了統治下層階級，透過權力給予道德、法律、宗教、正義等觀念；這些觀念是上層階級為了合理化自身權力，且想為自身帶來更大利益與鞏固統治所需的手段。

至於愛情，可能也是一種階級的模樣。我們一開始就問大家：你會怎麼挑選另外一半？你所列的條件是什麼？有宗教信仰者，多半會希望對方和自己有著共同的信仰，或至少應該要尊重自己的信仰。而你的家人可能會希望對方是個有禮、有房有車的人；你自己可能希望對方要符合某些要件，例如外型身材姣好、長相俊美，內在部分可能希望對方有才華或氣質出眾等。不論這些條件是什麼，都可能是我們接受整個社會的期待後，在心裡建構出來的社會階級。在愛情裡面，階級是因為某種虛假的社會共識，而建構出來的特定條件。你以為你在追求自己想要的愛情，其實只是資本主義社會建構出來的謊言而已。

這些像謊言一樣的條件，大多與身分地位或生理需求有關，但只要仔細想想就會發現這些條件根本都是騙人的。早些年有的長輩特別喜歡公務員，或是幼兒園與小學老師；在封閉的農業社會中可能還帶有性別歧視的條件，例如想找臀部比較大的女人為妻，因為看起來比較會生。隨著時代改變，擇偶條件也產生變化；過往男尊女卑的社會，慢慢朝向男女平等的狀態前進（雖然前進速度緩慢）。在這樣的前提下，我們可以再問一次自己：我們真的確定自己想要的條件是什麼嗎？當我們面對擇偶條件時，是否也能看出條件的虛假，單單選擇自己想要的幸福嗎？

我們對愛情毫無共識可言

你可能會問：愛情怎麼會是階級建構出來的？難道我們沒有自由嗎？我們現在可是在自由戀愛的狀態下選擇自己想要的對象（那些因特定原因而被迫選擇的不算，例如奉子成婚）。或許我們現在有選擇的自由，但階級產出的意識形態卻從未自生活中排除。就像是某些預設特定公式的偶像劇：女主角通常出身一般家庭，父母開明，對孩子溫暖且支持；男主角是高富帥，或許有怪癖但年少有為；雙方因為某些特定緣故過著不賣身的同居生活，或是從原先的彼此厭惡到相知相惜進而相戀。此時前男友或前女友一定會回到他們的生活中（標準場景就是男二或女二帶著行李在機場走著，然後說聲「我回來了」），還因故造成嚴重誤會。不過別擔心，最終所有壞人若非罪有應得就是會改邪歸正，男女主角從此幸福甜蜜在一起——只要看多了，你自己都能變成編劇。

但是你也注意到了，這些愛情故事並沒有讓我們看到「幸福甜蜜在一起」之後的真實生活。通常最後一集只會讓我們知道男女主角步入教堂，殊不知進入婚姻才是真正生活的開始。清朝文人張璨在《手書單幅》中這麼說：

> 琴棋書畫詩酒花，當年件件不離它；
> 而今七事都變更，柴米油鹽醬醋茶。

我們心中的美好愛情，其實都是社會建構出來的特定觀念。如果婚姻或感情能作為社會符號，這個符號就會因著我們社會大眾所接受的觀念，產生改變且不同。

按照「社會符號學」的主張，我們使用的任何符號都不能離開社會背景，任何符號都是在生活實踐中被提出與被應用，這些實踐與應用會回過頭來影響我們面對生活的選擇。社會一方面希望我們可以擁有美好的婚姻，讓我們期待白頭偕老的可能；另一方面又回過頭來強調絕對的個人自由，強調個人權力的絕對優先。從這個角度看，我們社會對愛情沒有共識。

年夜飯的求生指南

你可能會覺得我太誇張了！但其實這種沒有共識的問題，就像是在年夜飯的桌上引爆你和長輩間衝突的原因。快過年時，你總會想著今年可不可以不回家？或是不要被問那些既沒營養又沒禮貌的問題，尤其是像「有對象了嗎？」這種令人咬牙切齒的話題。很多人不滿的原因是，過往念書求學時不許我們交友戀愛，為何現在又反過來詢問我們有沒有對象。為了對抗這種男大當婚女大當嫁的觀念，社群軟體每到節日就會出現各種梗圖，教我們如何用惡搞的方式來回應。

社會對於感情唯一有共識的時間，可能就是在大過年的時候，當所有人聚在一起提的這個問題。為什麼過年一定要問這個問題？因為「符號——社會」間的關係比我們所想得更為強烈。如果按照馬克思的主張加以推廣，所有的符號在傳遞意義時都與社會的意識形態有關；光是用字遣詞就可以感受到階級間的差異性。例如，我們在中文使用「你」與「您」，在意思上不論是信件或口語，均表達出一種特定的權力關係。你的年夜飯為什麼會吃得如此痛苦，正與這樣的用語有關。

我們可以來試想一下，你在年夜飯可能會遇到的不愉快場景。當你走進飯廳或餐廳，被長輩指定坐在某個座位上：當你被指定要坐在何處時，階級就已經被劃分出來，也預設了你的身分。開始吃飯後，長輩們開啟了「我問你答」的遊戲模式，當你被那個令人不悅的長輩詢問「有對象了嗎？」，當如何回答將變成權力鬥爭的可能性。不論你回答「好」或「不好」，你們在這個問題上始終沒有交集。你可以這樣假設：如果你的長輩只是很單純地想問問題，只是很單純的想知道你的近況，那麼即便你不開心，嚴格來說他就只是想知道某件事而已。你可能覺得被冒犯，或是臉上無光，但無論如何這還稱不上是階級對抗——但是如果長輩用帶有壓迫性或權威性的語言來詢問，馬克思所謂的「階級對抗」的狀況便出現了。

現在你的長輩發問了，卻明顯帶著壓迫的性質：「有對象了嗎？如果有怎麼不帶回來給大家看看呢？你媽還等著抱孫子啊！」如果沒有，我們將會聽到：「怎麼到現在還沒有對象，你爸還等得了嗎？」很多人聽到這些會立刻聯想起不好的回憶，那一段段被羞辱的談話。這些不好的記憶來自你們對話間的不平等。長輩發問時，不論是用肯定或疑惑語句發問，都在表達作為長輩的絕對權力。他們的一句話或一個問題都會需要我們花費極大力氣去解釋去說明，卻還不一定能說服他們。他們漸漸地我們不再說話，也不再表達意見，只是在一旁靜靜地被長輩數落，此時沉默的一方表達權力被剝奪的結果。用比較專業的講法，就是對話過程中權力與話語的多寡成反比，這是階級鬥爭的生活版本。

如果在這樣的對話中想要全身而退，你唯一的選擇是不要繞入跟他一樣的邏輯內容：你可以選擇顧左右而言他，可以跳過此題回答別的。這些語言及回答都和我們對自己的身分認知有關，也和這個社會（還有表現出來的意識形態）有關。這種對話不只是在愛情方面，還包括政治傾向、工作取捨以及生活中的每一層面。

你條件到底開好沒？

上面這些內容，都是用最簡單的方法來表達社會符號學的主張。社會對我們日常生活符號的運作與使用有一定的影響；它給了我們對符號使用的權力，以及這些符號究竟具有何種意義。

但是當社會將婚姻或愛情視為一個完整的過程或故事時，我們實際經歷的愛情其實就只是片段，或一個又一個的故事。除非我們注意到其中的差異，或那些看上去理所當然，其實並非如此的條件與要求，否則我們就是接受社會原則給予我們，在生活實踐上已約定成俗的規則。這也是為何我們總是會聽聞，談婚事的過程中雙方不歡而散，甚至最後連婚也結不成，因為那些規定總是干擾我們；新聞中也會看到，家長開出不可思議的婚約條件，讓結婚的當事人嚇得上網求問這是否正常。從我們的擇偶條件開始，就受到社會規範的制約；甚至到要操辦婚禮，我們還是無法擺脫這些經由社會產出的限制或規範。那麼我們有確實反省過自己的擇偶條件了嗎？還是我們仍想繼續順著那不切實際的幻想，以及身邊親友給出那些與他們無關的無用建議呢？

在這篇即將結束以前，讓我們再問自己一次：另一半的條件是什麼？那樣的條件真的就是我喜歡的嗎？還是我們其實不自覺地繼續複製了上一代教給我們，那個名為階級的東西。

10

你覺得你的另一半會像誰？

——佛洛伊德

不知道你有沒有想過，你的另外一半長什麼模樣？我們可能想過未來另一半要有哪些條件：可能是身材好，或者是背景好，又或者希望能夠是個性好的。但對佛洛伊德（S. Frued）來說，男人的另一半通常只有兩種可能：像自己的母親，或是不像自己的母親——我知道這看起來很像廢話，但若從佛洛伊德對伊底帕斯情結（Oedipus Complex）與亂倫禁忌的研究來說，這恐怕不是廢話，而是男人已經被這種弒父戀母情結所設定的求生本能所限制（女人也有弒母嫁父的本能欲望，被稱為厄勒克特拉情結，Electra complex）。佛洛伊德到底吃錯什麼藥？怎麼會提出這種謎片裡才有的情結呢？近二十年來，研究者在研究了佛洛伊德的生平後指出，這些主張的提出搞不好和他婚姻及家庭的特殊組成有關。

你應該要認識瑪莎

請讀者原諒我這裡得採用編年史的方式交代他們之間的事情，因為流水帳式的說明可以幫助我們理解佛洛伊德故事的來龍去脈與那些容易被忽略的細節。所有的故事應該要從佛洛伊德與瑪莎·伯奈斯（Martha Bernays）之間的約會講起。

單從生平來看，佛洛伊德是從一八八二年四月開始和他未來的妻子瑪莎約會，這年他26歲，她21歲。同一年他們訂婚了，且於一八八六年九月在德國漢堡結婚。訂婚期間，兩人通信多達九百封。婚後兩人共同生育六個孩子（四男二女）。兩人的婚姻一直維持到一九三九年佛洛伊德過世為止，結縭長達53年。上面這段敘述可以在任何關於佛洛伊德的資料中找到。但有學者認為，佛洛伊德的婚姻可不像我們表面上所看到那樣簡單，因為佛洛伊德可能有婚外情，這對象不是別人，正是小瑪莎四歲的親妹妹明娜·伯奈斯（Minna Bernays）。這到底是怎麼回事？

一八六五年，瑪莎的妹妹明娜於漢堡（Hamburg）出生，是七個孩子中的老么。我們前面提到，一八八二年佛洛伊德與瑪莎開始約會，而明娜在一八八二至一八八三年間，因肺結核的緣故而前往西西里島休養數週。主張佛洛伊德確實與明娜有婚外情的學者認為，差不多在這個時候，佛洛伊德就已被聰明但略顯苛刻的明娜吸引了。但此時兩人還未有什麼奇怪的發展，在一八八三至一八八五年之間，明娜大部分時間都在漢堡陪伴生病的母親。此外，明娜有婚約在身，佛洛伊德也在一八八六年與瑪莎結婚，兩個人看上去的確沒有什麼交集。

但，正是這一年，對佛洛伊德、瑪莎以及明娜三人來說，是命運交錯的關鍵時刻。明娜的未婚夫在這年去世了，幾經考慮後，她擔起照顧母親的責任。同一年，她獲得在法蘭克福工作的機會，但怪事發生了，沒幾個月明娜便辭職了，還搬進佛洛伊德與瑪莎的家裡，這一住就超過四十年。四十年間除了短暫的度假或健康因素外，她都待在這個家裡，孩子們暱稱她為「明娜阿姨」。

你可能會覺得：不就是照顧自己的姊姊與姊夫，順道照顧他們的孩子而已。明娜那時失去親愛的未婚夫，傷痛在所難免，這樣有什麼不對嗎？如果只是單純照顧，讓自己像是傭人，問題可能不大。但不只如此，當瑪莎出遊或因種種理由不在家時，明娜會來照料這個家，照顧佛洛伊德與孩子們，彷彿自己就是這個家的女主人。甚至，她會接待佛洛伊德的客人與學生，協助回覆信件，陪佛洛伊德出外散心旅遊，幫助他修改手稿內容——這些工作似乎已經超過貼身祕書的範圍了。尤其是出外散心旅遊可不是早上出去晚上回來，而是出去玩很多天，甚至可被找到住宿登記等證據的旅行方式。四十年來明娜沒有離開這個家，一直到一九三八年的大戰前夕，因為局勢吃緊，她移民到英國，到那未滿三年就因病去世了。

亂倫可以成為一兼二顧的靈感來源？

早在三人仍住在一起時，就已有關於佛洛伊德與明娜婚外情的八卦與傳聞。主張他們早有關係的的研究者告訴我們：佛洛伊德常和明娜分享他醫療上的進展或是祕密，將明娜當作自己情緒的出口。一八八九年當佛洛伊德前往法國學習催眠術以便應用於治療中時，曾在信中向明娜抱怨自己的孤獨無聊，自己總處於思念的情緒裡（當然他沒有明說究竟在思念誰）。不只是在國外，即便佛洛伊德在家，也會有意無意地向明娜抱怨他與瑪莎相處之間的問題；明娜也會寫信給佛洛伊德，話題大多圍繞在佛洛伊德與六個孩子身上，對孩子的照顧幾乎取代瑪莎的角色：例如她對孩子體重瞭若指掌，不但清楚地記錄孩子的生長，甚至可以跟佛洛伊德討論每個孩子的興趣與發展。

如果佛洛伊德單純地把明娜當成紅粉知己，這些事情大概會不了了之。但這當中嚴重的問題在於：明娜住進家裡之後，佛洛伊德提出他最著名的伊底帕斯情結。從理論角度來看，伊底帕斯是為了解個人的三個「我」如何平衡的主張。我們的本性被稱為本我（id），是自我保存的動力，也是驅使人活下去的求生本能。你餓了想吃、渴了想喝；你會有性欲、會有本能欲望，這點我們與動物沒有差別：如果要說差別，在於我們受到社會規範的限制，所以在重要場合裡，即便你肚子餓了，也不會隨便拿出東西大吃特吃；看到帥哥美女，在正常狀況下並不會走上去跟他說，「雖然我不認識妳，但我們還是來做愛吧！」因為我們受到社會規範的超我（super ego）加以限制。這種規範讓我們不會依據本我的本性，而是在社會規範體系下，遵循著眾人都遵守且被稱為禮數的東西。雖然我們知道應當遵守一些來自社會的規範，但我們也常有這樣的經驗：真的很想抓癢，真的很想打人，真的欲望高漲。在本能欲望與社會規範間拉鋸著，而那表現於外的「我」被佛洛伊德稱為自我（ego）。如果我們內在的本我與超我能達成平衡，外在的那個自我就能「表現正常」；如果無法和諧共生，就會產出失常狀況。這就是佛洛伊德關於本我、自我與超我的基本理論。

你可能開始覺得無聊了。我們不是在說哲學家的生平嗎？怎麼突然插入一大段無聊的理論解說呢？儘管我們可用生活經歷來理解自我、本我與超我，但佛洛伊德提出這個主張卻是為了解釋他那驚世駭俗的性學理論。我們前面提到，佛洛伊德提出伊底帕斯情結來理解人類的心理，但他在解釋時可不像原本故事的內容。《伊底帕斯》本來是一齣古希臘戲劇，講述一個被命運玩弄的王子的故事：伊底帕斯一出生就被神諭預言將會剋父，不但剋父還會娶自己的母親。國王怎麼能忍受這種事情發生呢？於是下令將他處死。沒想到執行者一時心軟把年幼的伊底帕斯轉手他人，日後輾轉被他國國王收養。伊底帕斯長大後從神諭得知身世，欲尋覓親生父親，途中竟誤殺親生父親，之後又因故娶了親生母親——雖然此時的他都還不知情。之後因為國內瘟疫，透過神諭知道自己犯下滔天大罪，所以自挖雙眼，作為對自我的懲罰。

很多人在閱讀伊底帕斯的故事時，會驚訝於他怎麼被命運玩弄得這麼悽慘（當然也有人認為都是神諭的錯，因為推動故事的重要動力就是神諭的內容）。一些哲學家在解釋伊底帕斯故事時，會根據某些特定理論加以闡述。例如亞里斯多德為這部戲劇下的註腳是：「一個人的性格決定他的命運」。我們注意到，雖然在原始故事中，伊底帕斯總是無法擺脫神諭的糾纏，但許多情結也顯明，如果他能克制自己過於衝動的性格，或許不易鑄下大錯：例如他誤殺自己親生父親一事，正是因為性格暴烈起了衝突，盛怒下殺了與他對峙的整支車隊——亞里斯多德給予這齣悲劇極高的評價，因為這齣悲劇忠實表現人性，他甚至認為這齣悲劇是古往今來最棒的傑作。

我們可以提出各種不同的解釋，但都不是佛洛伊德喜歡的；他認為這個故事就是在告訴我們：我們都有亂倫的欲望，只是被壓抑住罷了。更重要的是，這些說明被提出的時候，明娜已經住進佛洛伊德的家裡。很多人覺得奇怪，佛洛伊德究竟是從哪裡得出這種靈感的（如果這種非常跳躍的思考可以被稱為靈感）？研究者告訴我們，佛洛伊德之所以注意到亂倫，正是因為他與明娜間有不正當的關係，而且在這樣的關係中獲取大量靈感，從而提出這些基於性而產生的奇特論點。

簽名還有汙點證人可以證明你有罪

你可能會覺得：他的理論真的很特殊，那段時間他們家庭成員的組成也確實很特別，但搞不好只是巧合而已。這樣就能證明他們之間有婚外情嗎？會不會太牽強了？如果只是靠這種巧合其實不能證明什麼的，這也是為何我們前面提到他們的故事時，一直說那只是「傳聞」。認為他們兩人真的有點什麼貓膩的學者們，提出兩個強而有力的證明：一個是關鍵的簽名，另一個是有人可以指證他聽過明娜講佛洛伊德的婚外情故事。

除了上面多封往返書信與過於巧合的時間點外，佛洛伊德與明娜的旅行時常被拿來討論。我們以夫妻關係來想想看：如果妳老公單獨帶著妳的閨密或妹妹進行四天三夜的雙人旅行，妳作何感想？然後妳老公說，都是因為妳不喜歡旅行，所以他才會需要妳的閨密或妹妹陪他前往，妳應該會覺得這傢伙皮癢了，講什麼鬼話啊？但這樣的比喻正是佛洛伊德與明娜一起旅行的背景。大約從一八八七年開始，也就是佛洛伊德與瑪莎結婚的隔年，佛洛伊德多次與明娜進行幾天乃至幾週的航行，他們去了巴伐利亞和義大利北部，到各種度假勝地及療養院參訪，最遠足跡還曾踏足至奧地利南部的提洛爾和恩加丁：這些旅行瑪莎沒有一同前去，而是與孩子一同待在家裡。有一種說法是，瑪莎其實不喜歡旅行（甚至害怕旅行），所以佛洛伊德覺得和她一起旅行既平淡又無趣。相反的，明娜很適應（甚至喜歡）這種旅行的步調，還常在暑假陪佛洛伊德的孩子們前往德國的貝希特斯加登（Berchtesgaden）、巴特賴興哈爾（Bad Reichenhall）等不同地方渡假。

那麼多次的旅行中，佛洛伊德與明娜在一八九八年「不小心」留下一個關鍵簽名，讓認為他們有婚外情的研究者覺得找到直接的證據。那年的八月13日，佛洛依德和明娜前往瑞士的莫洛亞（Moloja），入住當地飯店。佛洛伊德對這間飯店諸多抱怨，認為飯店太過簡陋，即便它在當地已算是第二高價的住宿地點。此外，他們一起住在11號房（現在改為24號房），而他在登記簿上寫下住宿者為「Dr. Sigmund Freud u frau」（西格蒙德・佛洛伊德博士和妻子）。對此提出證據的是德國海德堡大學的麥希哲維奇（Franz Maciejewski）教授。他表示，在研究佛洛伊德生平時無意間發現這個特殊的登記方式。麥希哲維奇為此特地前往莫洛亞的飯店以證明自己無誤。到了當地，他找到佛洛伊德一八九八年的原始住宿簽名，真的就如上面所說的。佛洛伊德當年住的房間仍是該飯店最大的房間之一，房舍結構也沒有太大的改變。研究過簽名與住宿地點後，麥希哲維奇主張，佛洛伊德與明娜不但同床，還是情人的關係；他也相信，兩人日後一定盡可能維繫這段感情。

不只有關鍵的簽名當作證據，還有人親耳聽過明娜描述自己與佛洛伊德的感情。這個人不是無名小卒，而是鼎鼎有名的榮格（Carl Jung），他既是佛洛伊德的同事，也是著名的心理學大師。佛洛伊德過世三十多年後，心理學家約翰．比林斯基（John M. Billinsky）發表一九五七年在瑞士採訪榮格的內容。當年榮格在接受訪談時爆料，一九〇七年他有機會和佛洛伊德單獨聊了數個鐘頭。一開始榮格只覺得，佛洛伊德非常認真在說明他的性學理論，展現出學者專有的嚴肅態度。但是佛洛伊德講得越多，榮格心中的疑慮就越大，因為那好像不是在說一個理論，而是在分享個人經驗。幾天後，榮格因公前往佛洛伊德處，恰好遇到明娜。明娜突然表示，希望私下跟榮格談事。那次對話中，明娜坦承自己困擾於與佛洛伊德間的關係，因為佛洛伊德愛上她了，而且與她有相當親密的關係：但姐姐還住在家裡。兩年後，榮格與佛洛伊德有機會一同前往美國旅行，他們透過自身的專業彼此分析夢境。榮格注意到，佛洛伊德的夢一直與三角形有關，而三角形正好表達他、瑪莎，以及明娜之間的三角關係。佛洛伊德告訴榮格，他其實可以講得更多，但他不敢冒險，因為他不知道榮格能否為自己保守祕密。榮格自己覺得，這次的美國行種下日後他與佛洛伊德決裂的種子——不是因為覺得佛洛伊德吊他胃口，而是覺得「貴圈真亂」，對佛洛伊德感到失望。在與比林斯基的訪談中，他甚至提到：明娜可能為佛洛伊德懷孕且流產過，雖然他馬上改口說「那可能只是個愚蠢的假設而已」。

你還應該要認識朵拉，不過這不是愛冒險的那一位

嚴格來說，佛洛伊德有沒有跟明娜發生婚外情，對精神分析理論的正確性並無影響——他的理論確實很特殊，但硬要把理論與私生活連結在一起還是很牽強。但是你會發現，研究佛洛伊德的學者，尤其是那些認為他其實遭到汙衊的研究者們，在處理這件事上極為慎重。畢竟佛洛伊德的學說中有太多與性相關的符號，包括陰莖、乳房等人類的生理結構都被賦予亂倫等相關的意義。不說別的，他連公開發表的診斷報告，裡面的分析都令人大開眼界。

例如，一九〇五年他發表的《朵拉：歇斯底里案例分析的片斷》（*Fragment of an Analysis of a Case of Hysteria*）中，他分析了自己的個案朵拉（雖然你可能想到了那個愛冒險的小女孩，但這邊的朵拉是假名。無奈當時對隱私的保護不足，日後還是被挖出真實案主的姓名與隱私）。朵拉於一九〇〇年因歇斯底里症狀而求診於佛洛伊德，並進行為期11週的治療。朵拉的父母感情不睦，不過他們與另一對夫婦有十分親近的相處；朵拉聲稱夫婦中的丈夫對她有意思。診療過程中佛洛伊德處理了朵拉的部分症狀，朵拉

描述自己的兩個夢境：一個是她夢見自己在房屋失火時搶救珠寶盒的內容，另一個則是夢見自己在陌生城鎮旅行時前往搭火車的焦慮。我們一般大概就只是覺得，朵拉怕火災，或是她想去遠方旅行。但佛洛伊德從性的角度來理解這兩個夢，認為朵拉害怕被那丈夫破處。朵拉害怕的原因，是因為她希望被自己的爸爸奪去貞操：對，你沒看錯，我也沒寫錯。用佛洛伊德的話來解釋朵拉的情況就是，她作為女孩，渴望父親將她當作女人，而非僅是對女兒的愛，然而這種欲望並未實現，所以受到超我規範而壓抑的本我欲望就將痛苦轉換表現在自我身體的病徵上。

就因為佛洛伊德的理論帶有強烈性欲與器官的象徵符號，故被認為會提出這種令人不舒服的理論的人，其人品必定有問題，遂將佛洛伊德與明娜婚外情講得繪聲繪影。但也有許多人反對這些說法。反對他們有染的研究者提出許多理由，還包括數篇正規的學術論文，作為對佛洛伊德的支持。

首先是他們的通信：雖然佛洛伊德和明娜彼此通信，但從佛洛伊德的私人書信來看，他和明娜之間的確清清白白，始終保持親戚或家人的關係，而非戀人的情感。佛洛伊德的理論，即便在今日大概還是讓人感到驚悚，更別提百年前剛被提出時所面對的挑戰。佛洛伊德當年剛提出驚人學說時，學界避之唯恐不及，他形同被學界孤立。這段期間他的朋友屈指可數，明娜可能是少數願意搭理他的人，所以他想從明娜身上尋覓友情的慰藉並不奇怪。反過來說，如果佛洛依德和明娜真的有染，而且明娜幫著隱瞞，難道他們真的能隱瞞四十年嗎？還是我們應該要相信瑪莎知情卻故意睜一隻眼閉一隻眼？或是我們可以認為他、明娜及瑪莎進行的是三人性愛？

榮格你還好意思說別人喔？

你可能會問：佛洛伊德不是簽名表明自己是與妻子一同到來，但那位妻子卻是明娜嗎？而且榮格也證實了明娜曾說過那些不能說的祕密。難道這些都是假的嗎？

針對一八九八年的旅行簽名，反對者始終懷疑，42歲的男人與33歲的女人單獨在一個房間內一個晚上，就一定會發生性關係嗎？我知道，你絕對不相信他們兩個人會蓋著棉被純聊天，但是如果他們壓根是分開在兩間房中睡覺呢？佛洛伊德曾表示，他和明娜在旅行期間常有找飯店的困難（當時可沒有飯店比價網站啊），因為他希望能在不同兩個單房中居住，這樣他才可以安心。在簽下這個啟人疑竇的簽名前三天，他們住在同一間飯店兩個獨立的房間內。當天明娜寫到，她覺得很放鬆，因為在自己的房間裡總算可以想穿什麼就穿什麼；但反觀佛洛伊德的心情卻不漂亮，因為他遇到奧地利來的旅客，這些人可能會認出佛洛伊德，並認為他正帶著一個不是自己妻子的女人旅行。這時候的佛洛伊德應該知道關於自己的流言蜚語，所以相當謹慎，對自己與明娜間的界線劃分清楚，絲毫不模糊。至於房間一說，可別以為一個房門進去就只有一個房間：那個房間其實是由一大一小兩個單房所組成的大房間，所有人從同一個門進去也可以分開在兩個房間內休息。當天可能因為找不到獨立的兩間房，所以佛洛伊德和明娜只能接受這種安排：不然你以為是日本漫畫喔？男女主角羞澀地發現自己被安排在同一個房裡睡覺。

可是佛洛伊德不是簽了「Dr. Sigmund Freud u frau」（西格蒙德．佛洛伊德博士和妻子）嗎？這要怎麼說？語言學家告訴我們，佛洛伊德所簽的「妻子」一字，在十九世紀末除了用來指妻子外，還可用來指稱女性的家人。佛洛伊德真正的用意是在告訴飯店：他們「是一家人」。你想想，這個時間點佛洛伊德家裡有多達11個家庭成員：佛洛伊德與妻子瑪莎、六個孩子、明娜，以及兩個僕人。雖然正是這個時間點佛洛伊德開始提出他的理論，但如果他們有問題，兩個僕人嘴巴夠牢靠嗎？瑪莎不喜歡旅行是事實，但明娜陪佛洛伊德前往就代表她一定是當他的情人嗎？與其說是情感的伴侶，明娜更像是位冒險的夥伴吧？

那榮格的部分呢？榮格說的可信嗎？坦白說，榮格是那個最沒有資格講別人的人。榮格喜歡講一些趣聞軼事，也常講些讓人真假難辨的幹話。重點是，榮格才是那個因婚外情而有名的人：他有兩個重要情婦，莎賓娜（Sabina Spielrein）是他的病患，安娜（Toni Anna Wolff）則是他的學生。一個是先跟自己的病患，後跟自己的學生搞婚外情的人，陳述著佛洛伊德與明娜有問題，真的能相信嗎？而且榮格所說的與佛洛伊德分析夢境的那天晚上，他們都喝茫了。只要有酒喝多了經驗的人就知道，那時候講話早已亂七八糟。講一個更嚴重的事：佛洛伊德日後與榮格決裂時，兩人書信往來可是非常不客氣的，但榮格從頭到尾都沒有提到明娜這件事。所以榮格的證詞到底有多少可信度呢？

把生殖器官當口頭禪的天才

不論佛洛伊德說的內容有多麼淫穢，他的的確確是個天才：他用伊底帕斯情結強調男性對母親的亂倫性欲。人的本我作為欲望的呈現，對母親產出獨占的欲望。這種欲望的呈現可以象徵符號意義賦予的轉變：當嬰孩吸允母親乳房時，一開始是以乳房為求生存的器官；但之後當嬰孩將吃飽與快樂畫上等號，乳房就從求生存的器官轉變為獲得快樂的器官。這是人在本我層面所表現出來的欲望。

我們雖都有弒殺雙親的欲望，問題是我們的欲望曾受到壓抑，即受到社會規約的抑制，以致我們的本能欲望日後不會表現出來，此處即為超我給予之作用。佛洛伊德以男孩為例，說明超我如何透過處罰機制壓抑本我。男孩在成長過程中對父母有殺害與性欲的需求，但他也注意到自己與女性差異在於陰莖的有無，輔以發現父親陰莖為全家最大者，故得出陰莖大小與權力成正比的概念。男孩會這樣解釋女性沒有陰莖的原因是：他們曾經想與父親搶奪母親，卻受到被父親閹割的懲罰（佛洛伊德以「閹割情結」稱之）。在此矛盾的情結中，小男孩一方面透過手淫滿足性欲，另一方面又擔憂父親的懲罰。直到四歲左右這些欲望轉入潛意識，本我的伊底帕斯情結將與超我彼此拉扯。若本我與超我達成平衡，此人將以我們一般社會所接受的面貌出現；不然則會出現精神疾病的狀態。像前面朵拉就是一個例證。

朵拉的故事可作為證明：當本我的性欲被壓抑到潛意識中，這種欲望本身會透過釋放將力量呈現出來，因為性欲不只是欲望，更是求生存的本能與動力（佛洛伊德以生之驅力稱之）。但這種欲望在超我，也就是在社會規範之前，若想要逾越社會規範訂下的規矩，只能在夢裡面釋放其所具有的強大力量。我們的夢境其實是在被壓抑的、和社會規範衝突的性衝動下，透過表象及那些不合邏輯語言的方式，所表達出來的元素。這些不合理的表達方式需要被解讀，始能明白其中的意義。從這點來看，我們就不難理解為何佛洛伊德會有那本《夢的解析》（*The Interpretation of Dreams*）：因為他想透過似乎毫無文法，實際上卻需要被理解的夢境內容加以解釋，如此一來，我們就能明白夢境究竟如何表達被壓抑的欲望。我們以為夢境很混亂，其實嚴格來說是我們不理解夢的規則。佛洛伊德在《夢的解析》中提供解讀夢境的規則。例如：

- 如果你的夢中出現樓梯或暴力性符號，像是毆打、打架或者槍擊，就表示你想和某人性愛。
- 如果你的夢中出現柱狀物，那代表著男性的陰莖。
- 如果出現某種可以將其他物品裝起來的東西，像是皮包，那代表女性的子宮。

好的，我知道你不相信，而且會覺得上面的文字太可笑了。我們之所以用這些艱澀的文字說明佛洛伊德的理論，是因為他的理論確實能幫助我們理解一些現象。首先是姊弟戀。女大男小作為男女交往的結構，身分上可被象徵為母與子的關係。所以若一個男性愛上比自己年紀大許多的女性，或許可被理解為是伊底帕斯情結的呈現。另一個則與我們的擇偶有關。若母親是男孩性欲的對象，加上母親是男孩長期親密接觸到的第一個異性，在男孩未來選擇對象時，若對母親的認識屬正面傾向，那麼擇偶時會本能地選擇與母親相似的對象；反之，則會選擇與母親相反的另一半。你還記得盧梭和華倫夫人的故事嗎？有沒有發現，盧梭是因為小時候培養出和年長女性親密的習慣，使得他雖以「媽媽」稱呼華倫夫人，卻把華倫夫人當作親密愛人。對女孩來說，「長大後我要與爸爸結婚」也可以被認為是厄勒克特拉情結。這表示我們在擇偶條件上不容易排除來自父母或原生家庭的影響，從佛洛伊德的理論來看，這至少能幫助我們反省與思考：我選擇的另一半究竟像誰？

在我們結束佛洛伊德的討論前，再多說一個小八卦：早在一九五三年，佛洛伊德的大弟子，也是佛洛伊德第一位傳記的作者恩尼斯特（Ernest Jones）就已竭力澄清，佛洛伊德一生中只有一個女人，這個女人就是他的妻子瑪莎，瑪莎總是被佛洛伊德放在生命中的首位。問題是，恩尼斯特也親自訪問過榮格，而且應該聽榮格說了許多佛洛伊德與明娜間的事情。恩尼斯特要求這些訪談資料必須保持機密50年不得公開——如果不說，還以為是FBI或CIA要隱藏美國與幽浮關係的文件呢！當然，佛洛伊德可能是樹大招風，畢竟精神分析學說的創立獲得相當的成功，保守人士在無法忍受這個事實的情況下，把佛洛伊德描述成玩弄同一對姊妹的大反派，藉以打擊他那驚世駭俗的學說。

無論如何，你無法否認佛洛伊德真的是個天才。但我想留給你一個問題：你覺得佛洛伊德跟明娜間究竟是不是清白的？

11

你能夠接受師生戀嗎？

——馬丁・海德格

師生戀這個議題一向帶有禁忌。太過美好的師生戀通常只會發生在戲劇裡。對不諳世事的學生來說，可能是被老師吸引了，也可能只是因為被老師脅迫，而發展出師生戀的情感。問題是師生戀帶有雙方的權力不對等，所以不論是在我們的社會，或在其他國家，這都是一條不可逾越的倫理界線。師生畢竟朝夕相處，基於近水樓台先得月的原因，我們生活周遭總是能看到這樣的故事不斷上演。從哲學史來看，曾有一段極為著名的哲學家師生戀故事：海德格（Martin Heidegger）與漢娜鄂蘭（Hannah Arendt），這段故事正是我們這一章要說的內容。

海德格與漢娜鄂蘭原本是兩條平行線，但當他們在一九二四年相遇後，卻開展出一段屬於他們之間剪不斷理還亂的愛情長跑。這段故事既是師生戀又是婚外情，還參雜了所有愛情肥皂劇必備的特殊元素：海德格是哲學大師，亦是德國人，出身亞利安種族，而且效忠希特勒與納粹；漢娜鄂蘭則是海德格的學生，是兩人關係中的被動者，還是位猶太人。兩人的關係發展正巧是在二次大戰前，從納粹掌權到迫害大量猶太人的這段期間。若將這種離奇的劇情寫成肥皂劇，恐怕觀眾都不會接受。但他們的故事卻又印證馬克．吐溫所說，有時真實比小說更荒誕——畢竟虛構的故事還得依循一定的邏輯架構，但現實生活的無奈卻往往毫無理性可言。為這段故事作傳的愛婷爵（E. Ettinger）認為，這段愛情故事的發展可以分為三個主要階段，一開始兩人是戀人；後來因為海德格加入納粹黨以及二戰爆發，兩人的關係生變；第三階段則是戰後，漢娜鄂蘭原諒海德格的選擇與傷害，並與他重建關係。由於這段師生戀橫跨五十年之久，所以讓我們慢慢地以編年史的方式，說明整段故事的來龍去脈。

初戀的苦澀與甜美

一九二四年當漢娜鄂蘭與海德格相遇時，海德格35歲，已婚且育有兩子，那時他完成了《存在與時間》（*Being and Time*）這本哲學經典的手稿。當年鄂蘭只有18歲，剛進入馬爾堡大學哲學系就讀。同一個時間點，海德格不論在系上或校內都是極受歡迎的教授，因為他思想獨特，授課迷人。海德格並不是那種長相俊美的帥哥，卻是以氣質與才華取勝的書生。海德格清楚自己魅力之所在，所以時常刻意保持與學生之間的距離，他認為這樣能增加學生對他的崇拜以便於操控。

海德格此時的生活井然有序且思想清晰，和鄂蘭相遇後，他生活秩序大亂：你可以想像，鄂蘭作為一個聽眾，一個可愛的小粉絲，如何在心靈上支持一位哲學家的寂寞。可別以為海德格與漢娜鄂蘭的相遇有多浪漫，事實上，海德格採用了很惡劣的手段。他在上課時已注意到了鄂蘭，便利用自己教授的身分，與才華洋溢中年大叔對感情熟稔的優勢，有計畫的主動接近鄂蘭：他完全吸引住鄂蘭的純情少女心。一開始，當海德格主動寫信給鄂蘭時，他還很禮貌的以「親愛的鄂蘭小姐」作為信件的開頭。但幾天後，他已有相當的把握：鄂蘭已試他的囊中之物了，他改以「親愛的漢娜」作為信件的開頭。不過短短幾週，兩人便進入肉體的親密關係。

海德格選擇跟鄂蘭在一起，可是賭上了自己的職業生涯，畢竟馬爾堡也不是多大的地方。不過海德格還算有點自知之明，想盡方式避人耳目，以爭取更多與鄂蘭單獨相處的時間。鄂蘭雖然深愛著海德格，卻未想過要他為自己放棄家庭（甚至事業）。這段期間她扮演海德格最貼心的知己（或最貼心的小寶貝），傾聽他訴說自己的工作與事業，也遵守著他為兩人見面定下的種種規矩。鄂蘭知道這樣不是辦法，也想過要離開海德格；但她的「離開」僅是考慮轉到其他學校而已。相比之下，海德格反而更認真地想著，是時候該要放下鄂蘭了：不過並非和她斷絕關係（這麼貼心的小情人到哪兒去找啊？），而是為了降低風險，所以保持距離。我們或許有理由可以相信，海德格的妻子派翠里（Elfride Petri）發現了這段感情所以對他施加壓力。不過海德格的處理手法卻有夠渣：他質疑鄂蘭學術能力不足，認為如果兩人繼續在一起，將會扼殺兩人學術的成長。他聽到別人認為鄂蘭是「海德格的學生」時非常不高興，而要鄂蘭獨立自主——這在當時的學術圈是身分的代表，也是稀鬆平常的稱號。

鄂蘭這段期間處處受制於海德格，因為他既是自己的老師又是情人。到了一九二六年，海德格安排鄂蘭前往海德堡跟隨另一位哲學大師雅斯培（Karl Jasper），並且開始準備攻讀博士學位。海德格仍持續隱瞞他們之間的感情，雅斯培直到二次大戰以後，才從鄂蘭口中得知，原來自己的指導學生與海德格是一對戀人。為了避人耳目，海德格從未主動問雅斯培自己推薦的學生學習情況。如果要聯絡，就用迂迴的方式，透過第三人聯繫鄂蘭；相同的，他不准鄂蘭主動聯繫他。鄂蘭轉到雅斯培門下的這兩年過得不算快樂；她曾和另一位既拜師於海德格又相同受雅斯培指導的學生短暫訂婚，不過最後無疾而終。她懷疑海德格對自己的感情，但對方卻又不斷表現出對自己的愛慕與需要，只不過這些愛慕與需要得靠一個又一個的謊言堆疊。

一九二八年海德格終於熬出頭了！首先，他出版了《存在與時間》這本代表作，這足以使他在哲學史上占有一席之地。他的老師胡塞爾（E. G. A. Husserl）——外號「現象學之父」——私下告訴他，他將會接任自己在學校裡的正式教席：年輕的學者受命接任自己老師的教席是對他學術能力的極大肯定。感情方面他也大有斬獲，因為除了鄂蘭外，他還與妻子的同學發展出婚外情！鄂蘭對他們的關係感到絕望，也無力再繼續這段感情。她先是寫了一封訣別信給海德格，並於隔年嫁給海德格的另外一位學生安德斯（Günther Anders）。不過，鄂蘭始終無法走出海德格給的情傷，她與安德斯的婚姻僅維持不到十年。安德斯讓鄂蘭理解到自己多麼依戀海德格，卻也讓她明白，原來自己的老師情人是個納粹分子，也是歧視猶太人的種族主義者——不過知道了也不能怎樣，鄂蘭就是愛著海德格，愛到卡慘死。

海德格，你這個納粹！

愛情使人盲目，這句話用在鄂蘭身上並不過分。即便鄂蘭知道海德格的真實身分，她還是盲目愛著——直到一九三三年八月這個時間點，在海德格接任佛萊堡大學校長之後才真正大夢初醒。那一年海德格加入納粹黨，鄂蘭更在海德格的就職演說中聽出他對納粹的嚮往，以及為迫害猶太人辯護的理由：鄂蘭簡直不敢相信。海德格為了維繫兩人之間的感情，寫信給鄂蘭——這封信讓鄂蘭心碎了，因為信中他仍為自己並非仇恨猶太人一事辯解，反而對於應該要澄清的問題避重就輕。海德格加入納粹並不令人意外，因為他老婆派翠里從很早以前就是激進的納粹黨員，受到枕邊人影響好像是必然的結局。但對鄂蘭來說，卻成為讓她清醒最重要的關鍵：當她真正認清海德格就是個納粹支持者時，她下定決心離開德國。

在當時，稱一個人是納粹，算是相當嚴重的指控。當我們說海德格是納粹支持者，可不只是因為他加入納粹，也不只是因為他臉上留有與希特勒相同的鬍子，是因他最私密的一套手札被翻譯出版。這套手札被稱為《黑色筆記本》（*The Black Notes*），在歐洲引發一場學界論爭：有支持海德格的學界人士極力想阻止這部作品的出版。這批海德格的私人筆記在出版前，部分段落曾在某次研討會上被發表出來，這些發表的內容剛剛好與海德格的反猶太人思想相關。有些學界人士認為，這些資料將會影響到海德格在思想界的地位，故積極阻止出版。他們聯繫海德格還在世的家族（海德格在一九七六年才過世），希望由他們出面阻止。他們也找有力人士施壓出版社，要求開除總編輯彼得．特拉夫尼（Peter Trawny），理由是特拉夫尼錯誤的把海德格與反猶太人的思想，甚至是納粹主義連結在一起。雖然他們主張，海德格的思想與私生活不應該畫上等號，不過海德格拒絕為自己支持納粹道歉。而且據說，他認為納粹屠殺猶太人一事是天大的謠言，他也主張同盟國的暴行比納粹還要糟糕。

如果我們看一下這份私人手札，或許就能理解鄂蘭當時為何會心碎的離開德國。《黑色筆記本》得名於海德格用一批黑色封皮的筆記本記錄他的生活與思想，從一九三一年至一九七五年間，共記錄了一千兩百多頁。一九七六年海德格過世前，在遺囑中同意他所有未出版的作品都可以出版，包括這一整批記載私人祕密的手札。後來由彼得．特拉夫尼這位學者接手，將這些筆記內容整理、翻譯與編輯——學界大多知道這批筆記本，但海德格剛過世那幾年，只有其中極少數的資料被翻譯出來，其他內容則從未讓外界知曉。

特拉夫尼研究後告訴我們，一九三〇年間海德格正處於情緒憤怒的高峰，這些都反應在他的日記裡。他憤怒的對象包括自己的國家、納粹，以及猶太人——儘管他早已出版劃時代的鉅著《存在與時間》，但這段期間他對猶太人的歧視仍非常強烈。那時海德格相信，猶太人正依循《錫安長老議定書》（*The Protocols of the Elders of Zion*）的內容準備統治全世界，不過他並不知道這本書是假的，他沒有讀過此書卻仍相信他自己想要相信的內容。

就在海德格被任命為佛萊堡大學校長之後，希特勒真正掌控全德國，他也選擇在這時間點加入納粹。海德格擔任校長一職時間雖不長，卻始終保持著納粹黨員的身分直到二戰結束。這段期間海德格真心相信，基於德意志民族的優越性，德國對其他民族的壓迫既合理且必需。《黑色筆記本》的內容證明，海德格多次提到反猶太人主義、大美國主義，及要對非德民族加以輕視。他的論點偏頗又激烈。在《黑色筆記本》裡記載下來的想法，被落實在現實生活中：他開除猶太籍的教職員，也利用權勢壓迫對其仕途有影響的後進。身為猶太人的漢娜鄂蘭或許清楚這恐怖情人有多忠於納粹，最後才會決定離開德國。

離開了德國與海德格的鄂蘭，確實過得比以前好。她在巴黎和日後的丈夫布魯赫（Heinrich Blücher）相遇。兩人之間有太多相似之處：都是從德國來的難民，讓他們彼此格外有熟悉感。不過此時的鄂蘭還無法接受「自己是值得被愛的」這件事。這麼多年來，她始終受到海德格情感上的操控，所以即便布魯赫向她表白，她也無法相信。和海德格相比，布魯赫對愛情的態度成熟穩重得多。他尊重漢娜鄂蘭是個獨立的個體，是值得愛人與被愛的真實存在。相較於海德格的專制，布魯赫可是真真實實的尊重鄂蘭。兩人在一九四〇年結婚，並在隔年正式移居法國。

一般說來，鄂蘭與海德格分開後，經過戰爭的動亂，故事應該要畫上句點。但他們的故事卻因著另外二人有意無意的居中牽線而繼續發展下去：其中一位是雅斯培，那位曾經指導鄂蘭，卻被蒙在鼓裡的老師。雅斯培與海德格是在胡塞爾家中認識的，兩人曾經關係密切，卻因納粹而決裂。雅斯培的妻子是猶太人，大戰前他就因這個緣故被禁止參與大學事務，到最後，雅斯培本人的榮譽教授職位也被剝奪，而且被限制著作不得在德國國內出版——過程中海德格沒有仗義直言過一句。令人不可思議的是，戰後當海德格因支持納粹被要求接受資格審查時，還厚顏的將雅斯培列為為自己辯護的人選。海德格與雅斯培於戰後的重逢，間接讓他重新接觸鄂蘭。

另一位讓故事繼續延續下去的，則是海德格的妻子派翠里。

囂張 沒有落魄久

一些為海德格平反的人認為，千錯萬錯都是派翠里的錯——因為就是她影響海德格，使其相信納粹的美好。不過，派翠里對海德格的重要性恐怕比你我想像的還要更深。

海德格與派翠里剛結婚時，仍一文不名，沒有固定的工作，也沒有人敢預言他未來能獲取多大的成功。海德格未站穩腳步，就在一次學術論爭中與德國天主教教會決裂，派翠里陪在身邊不離不棄，照顧他的生活起居，為他打理家中一切。即便年輕時生活與經濟不算好，派翠里仍為他預備一間鄉間小屋，好讓他能透過親近大自然從而思考與寫作。戰後，即便海德格失去一切，派翠里仍在他身邊。特別是戰後，當海德格因為支持納粹的緣故，所珍藏的圖書資產均被沒收，也是派翠里去索討回來。甚至是他戰後為自己辯白的自白書，也可能是在派翠里的幫助下所完成。

大戰之後，漢娜鄂蘭因研究與學術能力聲勢水漲船高——與之相對，海德格卻因支持納粹遭到封殺。大戰剛結束時，鄂蘭還未與海德格重新相遇（她可能也沒想到會有重逢的可能），雖然她為海德格支持納粹傷心流淚，卻仍相信這都是派翠里的錯。此時她對派翠里還不算認識，只知道她是師母，是對希特勒極為崇拜的邪惡女人，是海德格不幸婚姻的原因：都是派翠里誘惑海德格，把他推入支持納粹的深淵中。即便在一九五〇年重逢後，鄂蘭得知海德格向老婆承認自己不忠一事時，也認定是受到派翠里的逼迫，海德格才不得不承認。

鄂蘭此時可能聽聞過海德格的消息，因為他正積極展現出自己作為納粹受害者的的人設。大戰爆發前，他是個活在象牙塔中的天真學者，為了保護自己的學校而加入納粹，卻成為被迫害的對象。大戰爆發時，納粹未給他較多優惠，自己也曾短暫加入納粹軍隊服役。鄂蘭相信這些事，都和派翠里有關，才使得海德格吃盡苦頭。但事實是，從加害者到被害者身分間的轉換，海德格均受到派翠里極大的協助，夫妻二人一起合作完成，目的是擺脫戰後所面對的指責與困境。

即便海德格與派翠里這對夫妻極力想讓自己擺脫納粹支持者，但歐洲學界並不買單。海德格在納粹手底下當教育部長是事實，在納粹逼迫同事時袖手旁觀也是事實。如果他想在哲學圈或學術圈活下去，就必須殺出一條血路：一九五〇年正是他殺出重圍的關鍵年。

一九五〇年，海德格（在雅斯培的穿針引線下）與漢娜鄂蘭重逢。漢娜鄂蘭將海德格的著作帶到美國出版，美國學圈注意到這位來自歐洲的哲學天才。到了一九五一年，海德格、派翠里與漢娜鄂蘭三人坐下來喝杯大和解咖啡，且看上去效果顯著，自此之後的二十五年間，三個人維繫著友好的關係——雖然這關係十分微妙。鄂蘭又開始寫信給海德格，並問候派翠里。由於鄂蘭的推廣與協助，海德格的哲學在美國開始受到重視，特別是他對形上學與人類存在的學說真如天才一般！有時他們保持沉默，透過不聯絡為彼此的空間留白，有時三人聚首。雖然海德格與鄂蘭也有單獨相處的機會，但都是派翠里在主導著一切。至於這種大和解的氣氛是否也是派翠里在主導或指示，我們不得而知。

當鄂蘭、海德格與派翠里大和解的時候，你可能會擔心鄂蘭的丈夫布魯赫：他該不會綠光罩頂了吧？你可能真的想多了。布魯赫熟悉海德格的哲學，也推崇他在學術上的成就。布魯赫清楚知道妻子過往與海德格的那段感情，但此時的他認為，師徒重逢是好事，而且鄂蘭不過就是為老師的哲學在推廣上盡心罷了！布魯赫並不擔心自己的妻子，且信任有加——這點可與派翠里的態度截然不同。鄂蘭在推廣海德格學術這事上，布魯赫真的幫了很大的忙，尤其是他的關懷、體貼與信任。到了此階段，漢娜鄂蘭或許可以過著失去海德格，卻似乎已經不能沒有布魯赫的日子了。

有人喝了大和解咖啡，卻仍有人未喝上，即海德格的前同事雅斯培。雖然在海德格與漢娜鄂蘭的重逢上他扮演幕後推手的角色，但他早就放棄要與海德格和好的打算。在德國大戰前的那段歲月中，雅斯培心裡著實不爽，但他並未刻意迴避。這段期間雅斯培念在舊情上，展現出極大的寬容。

一九五三年，雅斯培七十歲大壽，海德格特地寫信為他慶賀。收到信件的雅斯培心軟了，想著或許兩人還有機會恢復舊日情誼。但仍訂下一個最低底線：海德格必須公開放棄法西斯主義，海德格無論如何都無法接受。此後二十年，海德格亦沒有公開認罪或放棄；其實，讓雅斯培死心的是鄂蘭，她早已私下告訴雅斯培：海德格抵死不願。自此，兩人徹底決裂。

回過頭來看鄂蘭、海德格以及派翠里：從一九五〇年之後，三個人看上去似乎和解，但派翠里仍占著主導地位。派翠里決定將海德格的手稿拍賣與出售，也安排三人之間的碰面與相處——包括當鄂蘭丈夫布魯赫過世後，大家應該如何碰面或在哪碰面。雖然看起來是派翠里主導了一切，但猜想或許她心裡很不是滋味，因為有能力處理海德格學術思想或書籍出版，甚至安排演講的都是鄂蘭。過往的小三現在竟成為自己生活的浮木，這可能會讓派翠里難以嚥下這口氣，但無論如何都得吞忍，因為海德格夫婦在學術上對漢娜鄂蘭有著非常深，甚至是過深的依賴。鄂蘭被委託直到一九七五年才結束，那年她過世了，隔年海德格也走了。至於派翠里，直到一九九二年才離開這個世界。

海德格，救我

海德格是能夠證明思想與人格分開的好例子。就人際或情感來看，海德格真是個渣男：他利用了鄂蘭對他的崇拜，有意無意允許大家把過錯推到派翠里身上。或許你會覺得海德格與派翠里是一丘之貉，這兩個人聯合起來利用鄂蘭——難怪是夫妻。但是如果你不認識這個人，你不知道他的人品，你具備了形上學的基礎知識，並且閱讀《存在與時間》，你會驚豔他真是個哲學奇才！我們很難讓讀者在短短兩三頁的篇幅中就理解，但是，或許我們可以略為解釋哲學歷史發展的背景，幫助讀者們稍微認識到海德格為什麼對現代哲學那麼重要。

哲學史發展過程中，形上學一直是一門重要的學科，但也是一門很難被人理解的學科。我們用一個很簡單（但不負責任）的方式來描述形上學：在科學原理被用來解釋世界之前，形上學就是用以解釋世界萬物生成變化的系統。雖然這一門學科很重要，但是在海德格那個時候已式微。一方面是因為當時科學發展已經能夠取代形上學的作用；另一方面是因為每一位哲學家提出的形上學理論各不相同，甚至彼此矛盾，讓研究的人苦不堪言。再加上形上學討論的用字艱澀難懂，所以到了海德格，形上學的存在價值受到質疑。

海德格的出現，讓大家回想起形上學在傳統西洋哲學的歷史中是一門重要且嚴肅的學科。過去哲學家們在討論形上學時，總是圍繞著「存有」這樣的概念。於是你會看到哲學家們提出各種你看不懂的東西，像是「存有既普遍又不可定義，然而卻是自明的」；或海德格自己也曾說過許多令人難解的專有名詞，像是「存有神學構成」（onto-theo-logical constitution of metaphysics）。哲學家們之所以用那麼多聽都聽不懂的名詞，是因為他們想更清楚的表達他們對世界的理解——可惜，他們越是想清楚表達，大家就越搞不清楚。因為形上學如此困難，以至於形上學讀著讀著會令人想大喊「海德格，救我！」為什麼是呼叫海德格來拯救呢？因為他為了幫助大家理解，採取不一樣的方法。海德格先帶我們從人，也就是我們自己看起。

為了讓讀者正確理解人究竟是什麼樣子，海德格用很特別的字來代替「人」——他說，人是一種「此在」（*dasein*，由 da 與 sein 兩個德文所組合的字詞）。人作為一種存在，與其他動物或物品不同：人會說話，動物不會；人能夠理解，所以知道面前某個東西跟自己有關係，但動物不會。你應該沒遇過狗或貓突然跟你說牠很喜歡你給的某樣東西吧。動物的表達可能只是把某個有自己味道的東西抱著或不給他人。人會使用語言，所以人可以表達出心情或感想。人類會使用語言的最大特性是，因為人在說話的時候——用海德格的專業術語來說——能幫助自己在這個世界找到「安居」所在。想想看過去寫的日記，透過日記我們可以整理自己的想法，也重新敘述一次發生的事情。

如果從這個角度來理解「中二病」，我們就能明白那些所謂中二病的患者究竟為何會有那些奇怪的想法（或是幻想）。人透過說話的方式表達自己對世界的理解，所以中二病患者是用自己對世界的闡釋來理解他所看到的世界。當你看到《中二病也想談戀愛》（中二病でも恋がしたい！）中，男主角富樫勇太在過往自稱為「漆黑烈火使」，女主角小鳥遊六花則認為自己可以操控「邪王真眼」時，你會覺得這兩個人還真中二啊！但當你看到作品中對兩人內心的描述時，你可以理解成，這兩個高中生其實是用語言（還有那些符合身分的動作）來表達他們如何認識這個現實的世界。他們展示了自己以為的真實，而這真實被我們稱為中二罷了！

不論是誰都會為自己擔心：因為我已經在這裡了，但我卻不知道這裡是哪裡？我又是誰？海德格說這種擔心可以因為我們為自己負責而得到改變。但事實上，我們並不為自己負責（海德格說這就叫失去「本真」），所以進入「沉淪」的狀態。「沉淪」並不是在道德的意義上指責，而是指對本真自我的失去。這就是海德格的愛情故事，也或許是身邊朋友與我們自己的愛情故事。在這個意義上我們也可以思考「成為一個人」究竟是什麼？用海德格的專業術語來說：成為一個人能體會到語言與詮釋，能恢復到自己的本真，能成為負責任的人：雖然這裡的負責任不一定是倫理道德的意義，而是明白自己作為存有究竟如何將存有之真加以彰顯。

儘管海德格是從我們的實際生活經驗來討論人的存在，但你也可以想想，不論海德格自己、鄂蘭或是派翠里，其實都是海德格哲學中的相反範例。或許我們能透過應用他的哲學，以解決或去除我們面對愛情時的遮蔽。在此意義下，到底該不該出版《黑色筆記本》已是後話，也給了我們無限想像：因為前面提到，這書出版時曾受到學界論爭，那麼哲學家的學說與生平之間究竟有沒有關係，也許可以交由讀者自己來評判，這又算不算是一種愛情中的遮蔽呢？

12

你覺得人一輩子可以結婚離婚幾次？

——羅素

如果我問你，你一輩子想結幾次婚，你會怎麼回答？大部的人可能會覺得這個問題太無聊了，好好地結一次婚不是挺好的嗎？確實，我們羨慕那些攜手一輩子，直到白頭的老夫老妻，想和他們一樣從一而終。從現實來看，面對婚姻的破碎，若基於外遇、個性不合或夫家娘家有問題而離婚，我們會勸當事人下一段會更好；若是因生離死別而分開的，我們也會勸朋友應當放下，活出自己，放開心胸接納另一個。但若有人一生結婚四次呢？你會不會覺得怪怪的？這章要談的哲學家羅素，他這輩子結了四次婚——前三次都是離婚收場，第四次沒離婚是因他過世了。四次婚姻還不包括豐富的戀愛史與婚外情。有趣的是，他出版了《婚姻與道德》（*Marriage and Morals*）這本書，書中勸告我們離婚不是解決婚姻的辦法：那你離三次婚是離心酸的嗎？

當你的外號被冠上「骯髒」二字

英國哲學家羅素誕生於一八七二年。他在哲學與數學上的成就極高，分析哲學與符號邏輯與他有著密切關係。他與老師懷德海（Alfred North Whitehead）出版的《數學原理》（*Principia Mathematica*）影響日後數學發展；他與分析哲學的重要哲學家維根斯坦（Ludwig Josef Johann Wittgenstein）之間的友情與決裂也影響到分析哲學發展的理論與進路。不過，除了在學術方面有極為活躍的專業表現外，在情感與婚姻方面也有驚人產出。羅素的愛情故事基本上算是一筆爛帳，如果不用編年史的方式一條一條依據年代或人物條列出來，講到後來大概根本無法弄清誰是誰了。所以只能請你見諒，接下去關於羅素的戀愛故事你可能覺得過於混亂，但要釐清羅素有多少戀愛對象本身就是件混亂的事。

從第一任妻子說起：第一任是愛麗絲（Alys Pearsall Smith），兩人在羅素18歲相遇後熱戀，那時是一八八九年；五年後兩人結婚。羅素的第一段婚姻到了一九〇一年，他覺得自己不再愛愛麗絲了，加上不喜歡控制欲很強的岳母，所以這段婚姻看上去差不多要完結了——不過他們還多撐了一段時間，直到一九二一年才離婚，結束了第一段婚姻。

一九〇一至一九二一年的二十年間，羅素雖仍與愛麗絲維持著婚姻關係，但早已名存實亡，兩人是在在分居中度過的。這段期間他與莫雷夫人（Ottoline Morrell）有了婚外情，藉由大量書信來往維繫著愛情。順道一提，與莫雷夫人的婚外情是導致羅素與愛麗絲分居的主因之一。不過羅素的愛情對象不只莫雷夫人，與此同時他也和女演員馬里森夫人（Lady Constance Malleson）交往，因為兩人都主張和平反戰而惺惺相惜。羅素與馬里森夫人在一九一六至一九二〇年之間（公開）交往：是的，這時候羅素還沒離婚！與馬里森夫人交往時，他鼓勵夫人應該要積極發揮她的文學造詣；馬里森夫人也聽從其建議，從事創作並發表短篇小說。兩人在一九二〇年分手，雙方對要不要生孩子這件事沒有共識所導致（多年後馬里森夫人將羅素送她的物品賣給了麥克馬斯特大學〔McMaster University〕，以利學界對羅素進行研究。）除了莫雷夫人與馬里森夫人以外，羅素可能還有一些同時進行的戀情並未被發現。例如著名文學家T. S.艾略特（T. S. Eliot）的第一任妻子薇薇安安（Vivienne Haigh-Wood）。總之，從分居到離婚前，羅素始終保持他豐富且活躍的感情生活。

羅素與愛麗絲兩人離婚的目的是為了讓羅素能夠再結婚：也是在這一年，羅素49歲，開始了他的第二段婚姻。第二任妻子是朵菈．布雷克（Dora Black），兩段婚姻無縫接軌早在一九一九至一九二〇年就已有先兆，那時他們已經開始交往（你可以算算看一九二〇年他同時與幾位女性交往。）朵菈是女權主義者，不論氣質或學識都與羅素十分匹配。不過朵菈一開始拒絕了羅素的求婚，因為她認為規範婚姻的法律，只是助長女性在父權社會中被迫屈服的風氣罷了。如果社會規範可以約束一對夫妻，那也是因為這對夫妻已經成為父母，需要養育孩子才能受到社會規範的約束。所以對她在婚姻與性道德方面的前衛態度你應該不意外，例如她認為無論有沒有結婚，都可以因為兩情相悅而進行性愛；她也主張女人應該被充分告知自己可以避孕，以及能使用哪些避孕措施——那可是一百多年前，社會風氣尚稱保守的英國，所以她的主張自然受到攻擊與反對。巧的是，這段期間羅素因為參與反戰示威活動遭到劍橋大學開除，兩人決定要來個大反攻：首先是羅素積極開展節育運動，成立工人生育控制小組；同時朵拉參與工黨競選，提出開設計劃生育診所的政見。夫婦倆人共同建立一所教育實驗學校：燈塔山學校（Beacon Hill School），幫助兒童不受迷信與不理性的傳統束縛。羅素並出版了《保護兒童》（*Defence of Children*）來闡述朵拉的教育理念。

羅素的第二段婚姻還是結束了：當時他與一位美國記者有著婚外情，朵拉基於報復把這事抖出來，兩人婚姻告吹。一九三六年，羅素64歲，娶了第三任妻子派崔西亞（Patricia Spence）。他們早就認識：派崔西亞曾擔任羅素與朵拉孩子的家庭教師。婚後兩人也生了一個兒子。羅素的浪漫對其他人來說根本就是亂來。一九三九年，當羅素搬到美國準備任教時，美國法院判定羅素在道德上無法勝任教授職位，而不允許其到學校聘任。最後羅素只得回去英國，並任教於三一學院。

羅素的第三段婚姻從一九四九年開始出現嚴重裂痕，那時常有激烈爭吵，吵到二人分居。這次時間比較短，兩人於一九五二年離婚，然後羅素以80歲的高齡娶了第四任妻子芬琪（Editess Finch）。這位芬琪不是別人，正是羅素第一任妻子愛麗絲的朋友的室友：這層關係還真遠啊！芬琪是美國人，跟羅素早在30年前就相遇。芬琪嫁給羅素後，兩人的婚姻維持到一九七〇年，那年羅素過世：他終於不再離婚了。

正因為羅素的婚姻與感情生活過度活躍，所以被戲稱為「骯髒博蒂」。當你的名字被冠上骯髒二字時，你可以想想自己到底是哪裡有問題。

《婚姻與道德》，但這本書好像不太道德

雖然羅素著作等身，但既然我們要談哲學家的愛情故事，以及他們怎麼理解愛情或婚姻，那我們且專門看看羅素在一九二九年出版的《婚姻與道德》（*Marriage and Morals*）這本書吧！這本書的內容雖專門討論婚姻與道德的問題，卻是批判他那個時代的婚姻觀念為主。出版這本書的時候，他正處於第二段婚姻中，和朵菈這位女權奮鬥者在一起生活。或許是這個因素，這本

書中所提到的部分觀念即便在現代仍顯得大膽；我們可想見，這本書在當年會受到譴責與批判。羅素自己也很清楚，既然是走在時代的尖端，當然要面對保守勢力的攻擊。即便如此，一九五〇年當他因為這本書與其他作品獲得諾貝爾文學獎，並獲邀前往瑞典受獎時，他仍然驚訝與擔憂：他想起三百年前笛卡兒（René Descartes）曾前往斯堪地那維亞半島並病死在那的過往——笛卡兒當年為了逃避因為自己的哲學主張可能遭到的迫害，而接受瑞典女王的邀約，前往為她講授哲學，無奈因天寒地凍加上水土不服，笛卡兒因肺炎而過世（瑞典女王為此還曾自責不已）。

我們並沒有要將這本書通篇進行摘要或為讀者導讀，儘管這本書有中文版，而且全書篇幅不長。羅素在書中對性道德、婚姻與家庭提出許多在當代仍足以嚇死保守勢力的主張。簡單來說，羅素認為，不論是性道德或是家庭及婚姻的觀念，都跟時代及社會有關，這一切不過是在不同環境下，不同的實踐結果而已。你可以想知，羅素會認為性的倫理其實是不斷在挑戰中發展起來的；但你可能很難想像，羅素認為（前）蘇聯時代是唯一一個以理性考量決定性倫理與制度的國家，雖然其制度也並非完美無缺，但怎麼樣都比歐美好。這本書裡有不少主張正好構成情感與婚姻的一系列發展：從觀念、同居到婚姻及離婚，羅素都有他獨到的見解。

不管啦！都是基督教的錯

我們很清楚婚姻和性道德這些議題彼此相關，可是為什麼相關呢？羅素認為，這些主張與其說是為了保護女人，不如說是為了男人那點可悲的尊嚴。現代社會有很多觀念其實都是父權社會保守態度下的產物。許多理所當然的規則或態度，其實也都驗證我們還習慣於父權社會的思維。

舉例來說，貞潔的觀念，如果不是受到父權社會的影響，我們才不會有貞潔的觀念，也不會有處女情結或貞節牌坊這種鬼東西的存在。例如密克羅尼西亞人，他們連「人類有父親」這樣的想法都沒有，會讓他們產生「哇！是我的孩子耶」這種想法，是因為那個孩子是他老婆生出來的。如果是羅素，他會說人類文明就是父權逐漸衰落的歷史。你看那些陽具崇拜，與基督宗教將這崇拜的消抹——羅素不一定認同佛洛伊德所說「陽具＝權力」的想法，但我們大概可以想像陽具崇拜與繁衍生殖有關。雖然古代的基督宗教批判陽具崇拜，想方設法把它從人類文明上抹滅，但是放眼整個中世紀，我們仍發現在歐洲許多地方依然保留陽具崇拜的儀式。基督宗教成功將這種崇拜徹底消除已經是非常接近近代的事了，而它們的這種努力也讓人注意到，基督宗教是一種父權崇拜的宗教——喜愛以父子關係認定神人關係，還有多喜歡強調族長制度中父親的絕對權威——顯然羅素沒注意到《聖經》中有多處以母親形象描述神的慈愛，或是沒有考察相關時代背景就將當時歐洲的制度套用於過往猶太人的世界了吧。

當基督宗教稱王，當父權社會變得理所當然，男人開始喜歡忌妒！男人總想著「全世界女人都應服從我個人」，所以後宮三千佳麗，在外拈花惹草都很理所當然。這類型的戲劇，當中的女性角色幾乎都想獻身給男主角，或臣服在男主角的魅力之下。可是現在還有基督宗教所強調的道德力量在拉扯，所以純粹被本能驅使的男人只得進入苦修以自我控制。羅素覺得這是享樂主義的顛倒，透過苦修對自我控制，最後就是對性感到疲乏：你有看過狗或貓對性疲乏嗎？沒有！這些動物是基於生物本能及生命繁衍的需要而有「性」，但是人類為了父權的自傲與道德的問題，竟然將性當作骯髒汙穢的東西。最嚴重的就是那個被稱為「基督教倫理學」的東西，讓人產生別的動物不會有的性疲勞——別說動物，就連在那些未開化的人們中也很少看到。

我們絲毫不意外，羅素大加譴責基督教的倫理觀念，認為都是基督教的錯，才讓法國大革命以來的自由開放消失了。因為在基督教的信條內，婚姻只是為了避免情欲的犯罪，以及生兒育女而存在。羅素也認為教會把不懷孕的性交算為罪惡，這簡直就是胡說八道，而一直到他所在的時代，婦女們似乎才重新獲得在羅馬帝國時代曾經享有的自由。所以那些厭惡基督教道德觀點的人，還是應該回到羅素的書裡去看看，這位天才哲學家究竟如何譴責基督教的教義——差不多你能想到的反駁，他都提到了。

你才骯髒，你全家都骯髒

因為身處父權社會，加上獨占欲望的強烈，性的能力被逐漸汙名化。一講到性，世人都會覺得就是骯髒汙穢的東西；但是羅素認為，若沒有充足的性知識就結婚，再加上兩個人都被浪漫愛情沖昏頭，不過就是在幻想中結婚而已。羅素說美國人就是這樣，將婚姻視為浪漫的過程，他們制定的法律和風俗皆以未婚女子的夢（幻）想為基礎，結果根本沒見到什麼幸福婚姻產生，反倒是一堆人離婚：

婚姻是遠比兩個人相伴之快樂更為嚴肅的大事；它是一種制度，由於生兒育女的事實，形成社會一部分中親密無間的組織；它所具有的重要性拓展，要遠在夫婦間的個人感情之上。這或許是好的——我認為這是好的——浪漫的愛情應該是形成婚姻的動機，但是得懂得，那種能夠使婚姻維持幸福並完成它的社會目的的愛情，並不是浪漫的，而是更為親密、更富親情和現實性的。（《婚姻與道德》，第六章）

不過羅素也並非認為有性就可以解決一切：他也指責所屬時代性道德的每下愈況。女人拿到需要的權力，過往因為戒律或道德規範而受到限制的性天性徹底釋放。這些要求權力的支持者，過於急躁地將過往男性擁有的權力直接加在女性身上，產生的結果已經到了「我全都要」的地步。畢竟過往道德只對女性要求貞潔，對男性毫無要求，一旦直接套用就在忽略差異的情況下產生混亂。除了權力一把抓的局面，女人還可以在沒有相對應的知識下，隨意取用避孕藥。羅素認為性道德的建立不是只要求要有道德，還要有相對應的知識。羅素撰寫《婚姻與道德》的年代，性知識仍然保守（時至今日仍然差不多），所以與其壓抑不如紓解，與其禁止不如適當開放。畢竟性衝動是人的天性，再怎麼阻止，人還是擁有類似的欲望：維多利亞時期的男人幾乎都變成足控，那時的女人將自己包裹完整，男人只要看到女人裸露的腳踝就會產生性欲。因此，正確教導性知識比圍堵或愚民政策要來的好。

你終究要結婚，為何不現在就結？

你會有性的需求，也會有愛情的需要，因為這都是人生中最重要的事物之一。只要是人，就會有愛情的需求，也會有宗教與戰爭的需求。所以你終究是要結婚的。

很多人不想結婚，也舉出很多不願結婚的理由。不過羅素對這些理由一一打臉，而且打好打滿。例如有人認為，愛情會讓人失去自我。一旦戀愛了，自己就會因為順從對方而失去主見，甚至不再像自己，無法保有原本的個性（很像有異性沒人性的感覺）。問題是，生命既然要與世界接觸，就不可能保持自己的絕對獨立。如果愛情只是占有，就失去價值了。若你真的愛對方，就需要知道對方的情感和想望，並將這些當作是自己的來看待。如果你希望自己的愛情有價值，你在心中就必須敬重所愛之人：你不能只是一味說愛著對方，卻不願為對方做任何改變。

有人則抱著想要事業有成再來結婚，羅素認為若想要等工作和經濟上獲取成功後，再談感情是不切實際的想法。雖然我們的確會勸誡他人勿為感情阻礙事業發展，或在失戀時鼓勵人要用全力衝刺工作，忘掉情傷；但羅素認為，為了事業放棄愛情也很愚蠢，這樣的人即便進入婚姻，與妻子的相處上也無法得到滿足，不論是在性愛或日常生活都一樣。羅素坦白地告訴我們，愛情是逃避寂寞的主要方法。你跟另外一個靈魂在這個孤獨的世界上相遇了，總算能逃避這種因為寂寞帶來的痛苦。結果兩個人現在竟然在愛與性的結合上無法獲得滿足，那麼這兩個人要如何保有對世界的善意？如此一來不就又傷害到了社會大眾嗎？

因此，羅素建議我們，接受愛與性是結合在一起的體驗，並且在性方面溫文儒雅的表達出自己有多愛對方。不是用 dirty talk（性愛中說色色的話），也不是用獸性發洩的方式，而是在禁欲與縱欲間取得平衡，在愛與性的結合中表達自己。

先試車先看房不行嗎？

雖然結婚可能是我們所期望的，但放眼現在的生活環境，結婚其實很難啊！而且婚後搞不好會因為各種因素離婚。縱使我們可以透過效益主義所提的方法或建議來挑選另一半，但羅素卻提出可以透過試婚或同居來避免離婚。

羅素的主張是這樣的：婚前性行為其實比我們想像的還要普遍。雖然民調顯示婚前性行為的比例逐年增加，但羅素相信人數比我們看到的還要更多，只是不好意思說出口而已。性既然是人類的天性，那麼婚前性行為就沒有我們想的那麼糟糕。透過禁制反而強化那些本來想要受禁制的行為，倒不如用疏導的方式讓這些受禁制的行為得到合理的舒緩。你看早年禁酒令的執行，有讓大家從此不喝酒嗎？不但沒有，反而讓私酒猖獗。所以與其禁止，倒不如讓人有合理的抒發管道。如果你覺得婚前性行為有點不負責任，沒關係，或許你可以考慮羅素提出的「伴侶婚姻」制度。羅素相信伴侶婚姻可用來解決許多因無法結婚而產生的問題，包括孩子、生活實際需求或是想要測試兩人間合適與否。羅素在此提出著名的買房比喻：你不可能在買房交屋前不仔細觀察房子，為何會同意未經嘗試就決定共度終生呢？畢竟不同狀況有不同處置，不應一概而論。

嚴格來說，羅素不是第一個提出伴侶婚姻或試婚概念的人，在他之前還有美國法官林德西（Benjamin Barr Lindsey）。林德西曾出版《伴侶婚姻》（*The Companionate Marriage*）一書，他主張，試婚中的伴侶暫時不應想著要孩子，因為還不知道兩人未來是否合適。此時社會該做的，是將最合適的避孕方式告訴這對年輕的試婚伴侶，好讓他們至少在性與節育的知識上有所學習。如果這兩人最後沒有孩子，也沒有懷孕的問題，且雙方都覺得不合適便可離婚，只是離婚不應當請求贍養費。林德西的主張是，為了避免年輕人日後造成更大的社會問題，應該要先試婚一年，看看兩人是否真正合適。不合則分，合則持續，再考慮可以擁有孩子。

林德西所提出的建議，從我們現在看來似乎理所當然，但當時卻引發民眾極大的反彈。最終他被趕出服務28年的法院，並被認為是自毀聲譽的最佳代表。羅素對此加以嘲諷：美國社會當時指責林德西毀壞家庭的神聖性，且鼓吹不生育的婚姻，實在是個道德敗壞的傢伙。但這些反對者絲毫不在乎人類的幸福，羅素相信這種伴侶婚姻其實能為美國帶來更大的幸福與利益，也能夠解決青年放縱的問題從而降低離婚率。總之，只要不涉及生兒育女的性行為其實都屬個人私事，而且自願同居或試婚的人若不想要孩子也是兩人的自由。

強調感覺的羅素居然強調婚姻需要理性！

相愛的人會想結婚，即便不結婚也會想和愛人有很美好的性愛關係。但羅素不認為婚姻的一夫一妻制是種堅固的制度，因為這種制度只是讓妻子淪為丈夫的財產。羅素觀察到：越是文明的人就越不能和一個伴侶擁有永久的幸福（他大概在說自己吧）。可能因為越文明的社會提供越多的比較，所以容易讓人感到不滿足。反過來說，如果有一個社會，未婚女子少，丈夫遇到美麗女子的機會也少，那麼丈夫大概極容易暫時安於現狀吧。

羅素也觀察到，婚姻的另一個困難是義務的產生：如果兩個人的愛情出於自由與自願，這段感情就算是有價值。但如果兩個人進入婚姻，就多出了愛情裡沒有的義務，這些義務將使愛情走向墳墓——像以前網路上所說的，如果婚姻是愛情的墳墓，那結婚紀念日就是掃墓節了！所以羅素建議我們，應當學著控制嫉妒的情緒：

凡婚姻是以熱烈的愛情開始，並生了可愛的子女，則夫妻之間應當產生一種離不開的感情，縱使在性的熱情衰退以後，縱使有一方或雙方對於別人產生了性的熱情，他們還是覺得，在伴侶的情誼裡，仍舊有一種無限珍貴的東西存在。這種婚姻上的醇美情感，由於妒嫉的原因而不能得到表現；不過，妒嫉心雖然是一種本能的情感，只要我們不把它當作正當的道德忿恨而視它為不良的東西，妒嫉心也是可以加以控制的。伴侶的交情經歷了多少歲月，同甘苦，共患難，自然有其豐富的內容，不論初戀的日子多麼愉快，也是趕不上的。時間能增加許多事物的價值，凡是能明白這道理的人，誰願意將那般的交情，為了新歡就輕輕地拋下？（《婚姻與道德》，第十六章）

如果你希望自己的婚姻成功，那麼必須了解，不管法律怎樣說，私生活方面就必須是完全自由的。這種自由建立在平等的心理與對彼此的不干擾上，身體上和心靈上能完全親密，且對於尊重的事物能有彼此相同的標準。很可惜，那些文明開化的地方要做到這一點很難！所以人應該要好好學習性教育，也應該從對婚姻的不切實際的幻想中離開。

兩人差別最少者婚姻較能長久維持。羅素認為這似乎與「比較」這個行為有關，此外，丈夫與妻子都不要幻想從婚姻中得到太過浪漫的愛情或幸福；加上社會習慣的規範，較容易助人避免所謂的不幸婚姻，因為大家都必須遵守一定的規範。

至於婚姻的狀況，其不幸來自與文明的關係：一方面，如果所謂文明的男女都能比他們現在更開明，不幸就會消失不見。因為不受文明拘束的人會依循本能多夫與多妻，但是在道德控制下的男女卻受抑制於宗教束縛。婦女解放運動也使婚姻變得更加困難，女人不再像過往婚姻中的傳統角色那樣牽就丈夫。此外，當女性在婚姻中產生所謂不貞潔的行為時，丈夫很難不去忌妒。更別提有那麼多人透過基督宗教來加強婚姻的意義！

雖然羅素認為婚姻作為合法的制度，不論在宗教常例、養育後代甚或在自然動物群體內都可以看見。因為這種制度的破壞與經濟有關。在過往的社會裡只有富人或酋長具有足夠的經濟條件，多娶妻生子以維持勞動力，離婚幾乎是不可行的。不過羅素認為，正因為如此，婚姻中的宗教意義大為增加，與他人妻子發生關係是得罪了丈夫，但婚姻以外的性行為卻是得罪了上帝。這些宗教的作用不一定能幫助婚姻幸福。那麼什麼樣的條件才可以建構幸福的婚姻呢？

羅素認為我們應該適當的給予對方自由：如果婚姻要成功，那麼丈夫和妻子都必須了解，不管法律怎樣說，在自己的私人生活方面，他們必須是自由的。這種自由建立在平等的心理與對彼此的不干擾，且在身體和心靈上能完全親密，對於尊重的事物能有彼此相同的標準。很可惜，我們很難做到：因此，離婚變成了一種選項！

到底能離幾次婚？

並非所有人都能在理性中維繫感情，所以羅素主張我們應該增加更多可以離婚的理由，雖然他自己不認為離婚是解決婚姻困難的一種辦法（那你離三次婚是怎麼回事啊？）

每個國家與地區都有對離婚的規範，可是有一些離婚的理由羅素實在看不下去，像是基督宗教的離婚論點對他來說毫無說服力。羅素不接受把通姦當成是離婚的理由，畢竟人類有性的衝動與欲望。他的理由是：婚姻既然限制了雙方的權利義務，那麼就應當給予對方一定的權限；只要夫妻間根本的情感沒有動搖，就得容忍那些對其他人有性欲的衝動，甚至是偶爾不小心的偷吃——這個理由感覺像是羅素自肥。

真的有合適離婚的理由嗎？羅素認為有兩個：一個是因為夫或妻一方面的缺陷，如精神錯亂、嗜酒狂和法律上的犯罪。另外一個則是根據夫妻雙方的關係而自願離婚。羅素很強調，離婚最好是雙方都同意。不過，為了子女的幸福，婚姻的穩定也很重要，這才是他所謂離婚不能解決婚姻問題的原因。羅素認為我們應該區分婚姻，以及那些僅是性關係結合的差異，也要區分浪漫的結婚之愛及生物學上的結婚之愛。人在婚姻中不可能免除所需擔負的責任，這些責任還包括克制自己的忌妒，並且適當地自制。

即便如此，羅素似乎還是在他的主觀經歷中，過度美化了性與婚姻的自由，忽略了愛情與婚姻帶出的獨占與忌妒威力。他反對父權社會，但在他的婚姻故事中女性聲音卻是缺席的。他反對用離婚解決問題，但他離了三次婚，還被第二任妻子朵菈報復性的公開了與其他女性的外遇。他將一切束縛歸諸於宗教，也把自己的理性當作是普羅克諾丁的鐵床（那個身高不對就透過鋸腳拉長方式去適應規範的希臘神話故事）。那麼親愛的讀者，你認為一個人究竟能結幾次婚與離幾次婚呢？或者是，一個人能承受幾次的結婚與離婚呢？

13

你同意外遇能增加感情的甜蜜嗎？

——沙特與西蒙波娃

有人認為，同時和許多情人維繫親密關係並沒有什麼關係；即便結婚了也仍舊可以如此行——總之，他可能是個中央空調型的人。當然，我們知道愛情與婚姻帶有排他性，所以即便碰見這樣的人，我們一方面羨慕一方面又想規勸對方；有的人認為，適當的偷吃或外遇其實可以增進感情的親密度。但如果這樣的事發生在我們身上，也就是我們的另一半與其他人保持超友誼（或是只有性沒有愛）的關係時，我們真的可以忍受嗎？還是我們會憤怒到想要報復對方？

沙特（Jean-Paul Sartre，一九〇五至一九八〇）與西蒙波娃（Simone de Beauvoir，一九〇八至一九八六）的故事正是這樣的範例。沙特是法國存在主義重要的哲學家，他的《存在與虛無》（*Being and Nothingness*）是存在主義的重要著作。除哲學外，也寫了許多戲劇與小說等文學作品。至於西蒙波娃，她的《第二性》（*Le DeuxièmeSexe*）批評婚姻，認為婚姻是社會強加於女性的噁心制度，讓她們受制於丈夫且形同奴隸一般。這兩位哲學家從年輕時就與對方在一起，但他們沒有結婚，而是簽定特定的契約用以維繫兩人間的伴侶關係。你可能會覺得不可思議，沒有結婚卻可以維繫那麼久的伴侶生活。但這樣的生活維繫，事實上需要犧牲不少第三者作為他們關係的祭品。

你以為契約可以解決一切嗎？

法國作家瑪莉蓮·亞隆（Marilyn Yalom）曾經告訴我們，她在這對情侶身上觀察到的。沙特與波娃可能是法國二十世紀最有名的情侶，這關係持續超過五十年。有的人歌頌他們不受約束的愛情與情感；也有不少人認為這種關係傷風敗俗，使民眾困惑，不懂得如何教導自己的小孩。瑪莉蓮屬於前者，她說自己受到這對情侶的啟發：不論是情感上或是哲學思想上。瑪莉蓮就跟追逐偶像的粉絲一樣，年輕時常到偶像出沒的地方跟監，希望巧遇心靈導師。正因著這追逐的因素，加上沙特與波娃之間情感的特殊性，她陳述這對著名的情人間所發生的奇妙故事。

波娃與沙特在一九二九年的一場考試相遇，那是法國高等教師資格會考的哲學科考試。如果通過了，就可在高中以教師資格任教。波娃很美，氣質優雅大方；當時的沙特樣貌不佳、身材矮小，不過他很有自信，認為自己具有過人的聰明才智。就在那時，沙特開始追求美麗的波娃，並告訴她，自己願意用一生來保護她。雖然外表相差甚遠，但是兩人在靈魂中有太多的相似之處：都熱愛自由，喜好文學；都不是喜歡或是自願去當老師的，而是因為教書能給予固定的收入，支持自己未來成為作家；更重要的是，他們兩個人都不想結婚和生小孩。波娃在知道一切後根本驚為天人，因為沙特根本就是她的翻版，完全滿足心中夢幻情侶的條件，而且沙特真的懂她！

通常遇到這樣的人，我們若想留在彼此身邊，一般透過結婚即可順利達成。問題是若雙方都不想結婚，可以怎麼做呢？他們兩個想出最簡單的方法：簽訂契約，但不是步入禮堂，而是一種可被稱為開放式婚姻的非傳統契約。這份契約每兩年簽訂一次：因為是非傳統，所以沙特認為，他與波娃之間的愛情雖然是必要的，可是若能同時和不同的女人體會風流韻（性）事也是個好主意。因此他們的關係得允許彼此在願意維持長久關係的同時，亦能同意對方與不同的人（或情感及性方面的伴侶）相處，從而體會各種短暫的豐富感受；且因為是契約，所以允許在坦誠以告的前提下，對方可擁有自己的情人——包括新的性伴侶。

沙特與波娃相信，透過這種非傳統的契約，他們可獲得兩人情感關係中最大程度的自由與信賴，也可避開傳統婚姻裡出於忌妒所產生的紛爭與爭執。當他們在一起後，基於相同的生活原則、理念與生活方式，他們的心靈契合在一起。而且基於這樣的「契約」，兩人在生前各種公開或私下的場合裡都展現出令人羨慕的愛侶情感——雖然兩人在一起十年後就不再和彼此有積極活躍的親密關係，但仍維持著必要的愛情。他們一起旅行，前往許多國家，與許多二戰後的知識分子或政治領袖結為朋友。大家都相信，他們在這樣的契約下維持著對彼此的愛情關係。

可能這時你會很開心的覺得：這種契約真好；但事實是，兩人過世後，各式各樣不在契約內的愛情一一出現。在他們的契約及感情背後，各有各的情人。即便他們維繫著複雜的三角戀愛，或同時與多人在一起，他們還是堅持自己很愛對方。這些感情的存在，現在已被各樣公開的情書與信件證實了；

雖然有契約，但兩人所允許的偶然性戀情，仍造成雙方實質的各種忌妒。沙特自認並不是沉溺在感官享樂中的男人，但他還是一個女人接著一個女人不斷的追求與更換。他追過波娃的學生奧樂嘉（Olga Kosakiewicz），失敗後，又追其妹妹。一九四五年當沙特參加法國文化代表團前往美國參訪時，他與接待記者桃樂絲．凡內提產生感情，並有著親密的關係。一九四六年他人在紐約，寫信向波娃表達自己的想念，自己如何愛著她——但同時也告訴波娃，他與桃樂絲在一起時，被桃樂絲熱情的愛給嚇著了。波娃對這個第三者頗為不爽，但是沙特卻沒有讓研究創作受到波娃或自己感情的影響，即便他應該知道波娃非常火大。

一個波娃，兩種身分

沙特的拈花惹草讓波娃又緊張又忌妒，不過可別把波娃想成情感中的受害者哦，因為她自己也周旋在不同的情人之間。波娃眾多戀人中有一位特別有名：美國小說作家納爾遜．艾格林（Nelson Algren）。他們的熱戀開展於波娃美國之旅的芝加哥站——當時波娃以「最美麗的存在主義哲學家」身分拜訪美國。當波娃與艾格林熱戀時，艾格林可算是美國文壇的閃亮巨星。他本身是個很有故事的人：在加油站工作過，在歐洲當過小偷（偷了打字機並離開現場，後被逮捕然後被關）等。出身、背景與經歷讓他在日後寫小說時，能對中下階層有著深刻的描寫。艾格林從一九三三年開始逐漸嶄露頭角，一步步成為知名小說家。他最有名的小說是《金臂人》（*The Man with the Golden Arm*），此小說同名改編的電影由好萊塢男明星法蘭克．辛納屈（Frank Sinatra）演出。波娃被這樣一個有故事與文學才華的男人深深吸引，因此在芝加哥的36小時內她就和艾格林上了兩次床（據說波娃從艾格林那得到了完全的性高潮），還帶著她拜訪美國底層社會的各樣面貌。波娃和艾格林在一起後，一直帶著艾格林送給她的戒指；從一九四七年到一九六四年，波娃一共寫了三百零四封信給艾格林（這些信日後以《越洋情書》（*Lettres a Nelson Algren*）的書名出版）。

當你閱讀《越洋情書》時，將會看到一個完全不同的波娃。在《第二性》中我們看到一個為女人發聲的波娃，但在《越洋情書》裡的她卻是一個願意委身為父權結構下的女人。當她深愛著艾格林且不斷寫情書給他的同時，正在撰寫《第二性》這本反對婚姻宰制的學術論述。可是情書中的波娃卻與艾格林一度論及婚嫁——他們為彼此取親密的稱呼：「青蛙妻子」與「鱷魚丈夫」。在這些情書中，波娃稱艾格林為親愛的丈夫，或是「我的納爾遜」；他們絲毫不在意男生不會講法文，而女生只會講法國腔濃厚的英文。艾格林就是想要讓波娃成為他的妻子，一個和他相守一輩子的女人。兩本書放在一起，你不禁懷疑起愛情的力量，竟然可以讓一個文思泉湧、邏輯清晰的人產生兩個完全不同的人格，寫下互相矛盾的文字。

愛情是美好的，但現實是殘酷的。即便波娃深愛艾格林，她仍認為沙特這個既孤獨又可憐的男人需要自己，而始終不願離開巴黎前往美國與艾格林長相廝守。波娃期望艾格林可以理解自己，但艾格林始終無法理解沙特的存在對波娃究竟如何重要且巨大——這就是齣肥皂劇的劇情，但對波娃與沙特來說，艾格林正是那個不懂他們之間羈絆的局外人。艾格林雖然也曾短暫前往巴黎，卻始終無法適應那裡的生活，最終回到美國。

兩人通信時間極長，但橫跨大西洋的戀情僅維繫了三年。從現實角度來看，兩個人並不適合：不是語言差異的關係，而是更深層的背景問題。艾格林與波娃交往前，曾與第一任妻子阿曼達（Amanda Kontowicz）有過一段十年的婚姻。艾格林與波娃的戀情告吹與阿曼達有關：在與波娃交往三年後，艾格林因為想回到阿曼達身邊而與波娃分手。除了感情上的搖擺不定，艾格林也是個極不穩定的作家。雖然曾寫出暢銷成名作且大享名氣，但花錢、酗酒、賭博方面也絲毫不手軟。當《金臂人》要被改編為電影時，電影公司曾邀請艾格林到加州當編劇，最終因理念不合，不歡而散。他亦曾自殺未遂，患有憂鬱症，經濟狀況也因創作不穩定而起起伏伏。就此來看，艾格林哪一點都比不上沙特：沙特創作量大且品質穩定，更是波娃的精神導師，而且兩人在一起很長的時間。就現實的經濟層面，沙特能提供波娃想要的生活環境與安全感。雖然兩人通信到一九六七年為止，不過艾格林早在一九六五年就已娶了第二任妻子貝蒂（Betty Ann Jones）。至此，兩人的情分也算名存實亡。

艾格林在一九九〇年過世。可別覺得他自作自受，因為即便在生活與性格上有不少問題，他也因為波娃受到極重的情傷。一九五四年波娃出版了《名士風流》（*The Mandarins*）這本半自傳體小說，書中描述知識份子間的往來故事。有一位主角名叫路易斯．布羅根（Lewis Brogan），是位與女主角安妮（Anne）在情感上長期往來的美國作家。明眼人一看就知道這個角色指的就是艾格林，所以據說艾格林在美國讀到這本小說的英譯本後火冒三丈。艾格林去世前將波娃的情書全部給了波娃的養女西爾維（Sylvie Le Bon），西爾維日後則將這些書信彙編成我們前面提到的《越洋情書》。或許讓艾格林唯一堪告慰的，是波娃未曾從手上拿下那枚他所贈送的戒指。

喔！貴圈真亂啊！

波娃的戀情對象不只艾格林一個——他是公開的戀人，此外還有未公開的，也有過世後才公開的。例如博斯特（Jacques-Laurent Bost，因為在家中排行老么，綽號為「小博」le petit Bost）。博斯特曾是波娃教過的高中學生，他之所以跟波娃產生戀情，可能是因為和波娃一樣喜愛大自然，也可能因為他喚醒了波娃女性本能中母愛的部分。博斯特給予波娃的和艾格林一樣，是沙特所給予不了的。根據波娃一九三九至一九四〇年間的日記，她寫下自己如何擔憂博斯特被徵召入伍參戰的事情。博斯特日後與奧樂嘉結婚——這位奧樂嘉就是前面所提到過的，沙特曾經追過的女孩；此外，奧樂嘉也曾是波娃的學生。我知道你可能覺會得「貴圈真亂」，但畢竟曾是生活在一起的師生，所以關係近也合情合理。沙特為了要讓奧樂嘉以演員出道，特別寫了《蒼蠅》（*The Flies*）這個劇本，好讓她擔任女主角。

奧樂嘉不只演出沙特的戲劇，也在波娃的戲劇中擔綱演出。對波娃來說，奧樂嘉的存在不只是學生，更有可能是戀人。這種既是戀人又是學生身分的，可不只奧樂嘉一人，至少還有碧昂卡（Bianca Lamblin）或娜塔麗（Natalie Sorokin）。這些波娃的學生，同時間或多或少也和沙特有情感關係。娜塔麗在這些人當中算是陷入得比較不深的，因為她在受到更進一步的傷害之前，她的母親就已向學校投訴：波娃誘導她女兒。為此波娃被吊銷教師證，而娜塔麗日後不再和沙特或波娃有任何來往。但碧昂卡不一樣：她陷的很深。碧昂卡曾是波娃的學生，那時波娃30歲，她17歲。她在波娃過世後所寫的回憶錄中描述著，在學問與性方面都受到波娃的誘惑及剝削。一年後，因著波娃她認識了沙特，沙特雖然看上去未跟她發生進一步的親密行為，但沙特所做的是透過書信往返好讓自己獲得需要的浪漫愛情。這真的是一段奇特的戀愛：兩位老師彼此是戀人，但他們又與同一位學生成為戀人。

沙特跟波娃可能很開心，但碧昂卡一點也不快樂。她覺得波娃好像把自己的班級當成後宮：先從自己班上尋找年輕的肉體，自己品嘗後若覺得不錯，再轉送給沙特讓他嘗鮮——這還只是委婉的講法。碧昂卡跟沙特、波娃維持兩年的戀情，對於自己既為情人又為學生的身分感到厭惡，也厭惡這兩位老師。此外，因著她是猶太人，二次大戰爆發時，人在法國的她深陷危機，但她的兩位情人老師卻對她不聞不問。碧昂卡之後嫁給沙特曾經教過的學生蘭布林（Bernard Lamblin），並在婚後逃到東南法的維科地區，以假名生活逃避納粹追捕。他們生了兩個孩子，碧昂卡後來靠擔任老師來賺錢養小孩。

大戰剛爆發時，沙特結束了與碧昂卡之間的關係，波娃也同時與她結束浪漫關係，不過仍說要和她保持友誼（這不就是分手後繼續當朋友的概念嗎？）雖然戰後她們恢復了友誼，然而當波娃過世，波娃的日記以及波娃與沙特往返的信件被出版後，碧昂卡再次受到傷害：波娃與沙特在信件與日記裡提到她時竟帶著諸多嘲諷——這樣的羞辱與痛苦讓碧昂卡決議要寫回憶錄，為自己平反。我們前面提到的那位法國作家瑪莉蓮．亞隆，在著作中就表示，自己曾在巴黎與碧昂卡見面。都到了那個時候，碧昂卡仍無法釋懷；經歷了這些痛苦的她認為，沙特與波娃對男女關係的想法對第三者有害無益，早在一九四一年，碧昂卡就受憂鬱症所苦，其病因不只來自納粹，也來自她覺得自己受到沙特與波娃的玩弄。

沙特與波娃間那種剪不斷理還亂的感情，有時真讓人摸不著頭緒。按照阿涅絲．波西耶（Agnès Poirier）的描述，沙特著名小說《嘔吐》（*Nausea*）一書是獻給他親愛的「小海狸」西蒙波娃的——因為波娃（Beauvoir）這個名字若用英語發音，聽起來很像英文的海狸（beaver）。對沙特來說，波娃既是他最好的朋友，又是互相切磋較勁的對象，更是他談情說愛的伴侶。身為老師的他們極富魅力，善於傾聽又不批評，以致許多學生崇拜他們，並從崇拜演變為愛慕。這兩個老師在知道學生的愛慕後，非常願意回應這樣的情感，以致前面我們所提到的奧樂嘉與妹妹汪妲（Wanda Kosakiewicz）、博斯特、碧昂卡、娜塔麗等都曾與他們溺在一起，且有著各樣豐沛的感情。這個圈子後來被稱為「沙特家族」，其中的成員各自保有小祕密，他們原則上都能接受與兩位老師保持短暫愛戀的情感，或分手後繼續維繫朋友關係。

「沙特家族」一詞專門用來指在學校裡面，沙特與波娃的那些小情人；至於在學校與沙特家族以外，他們還有多少戀人我們實在不得而知。《世界報》在二〇一八年曾公開一百一十二封西蒙波娃的情書，不過這些書信並不是波娃寫給沙特的，而是寫給法國紀錄片導演朗茲曼（Claude Lanzmann）的。大約在一九五二年，西蒙波娃44歲，朗茲曼26歲：前者是沙特的情人，後者是沙特的祕書。兩人同居約有八年時間，這些書信就是波娃在這段期間所寫的。在給朗茲曼的信中，波娃表示會永遠當朗茲曼的妻子；這當然跟她在《第二性》中對婚姻的批評彼此矛盾。比較特別的是，除了表達出她有多愛朗茲曼之外，她也抱怨沙特在性事上無法滿足她。

沙特與波娃以外的情人們，跟他倆在一起時是快樂的，但發現自己被利用後當然會痛苦。或許我們很難理解，怎麼會有這麼多人迷戀這兩位老師，不過從現實來看，儘管沙特與波娃一直在學術世界裡，但他們總會顧念情人們的實際需要。做為老師，他們為情人尋覓合適的工作（像前面所提，沙特為自己的情人撰寫劇本以提供演出機會），也辛勤工作為情人與學生提供生活花用。就算分手了，他們還是對曾經的情人大方慷慨，甚至愛屋及烏，包括前任情人的家人。這可能是基於補償心態所導致，因為他們清楚知道自己對兩人以外的那些情人們產生多麼嚴重的影響，他們也承認正因為這些第三者所付出的代價（不論是情緒上或是肉體上），才能讓兩人成為終生伴侶；例如波娃就承認自己傷害過碧昂卡。我們很難簡單總結他們五十年的情感之路，雖然他們訂下這樣的契約，也對彼此坦白，期望可以維繫著兩人間的情感，但他們始終無法擺脫個人在情感中所產生的反應。他們會因為知道另一半在情感上的真相而忌妒、憤怒、憂傷甚至哭泣。你或許可以認為：他們只是沒有結婚而已，但婚姻中所有婚外情帶來的傷害他們都經歷到了。

請你為你自己負責！

沙特的愛情故事與他的理論還真有幾分神似。如果要總結沙特的哲學，或許可以不負責任地說一句：「請你為你自己負責！」

我們在前面提到海德格時，曾說過他最重要的著作是《存在與時間》這本書。而沙特最重要的代表作則是《存在與虛無》——兩本書書名相似並非偶然，沙特真的是在向海德格致敬。在二次大戰爆發以前，沙特與海德格就已有非官方性的接觸。大戰爆發後，沙特入伍參軍，並且在一九四〇至一九四一年間被德軍俘虜時，仔細閱讀了海德格的《存在與時間》，並受到相當的影響。沙特似乎認為，自己的《存在與虛無》就是《存在與時間》的續篇。兩本書相同地討論了人的存在，也相同理解人應該如何生活。不過沙特對於人的理解比較不一樣：在有點悲觀中想要感到樂觀。

以往在討論人的時候，哲學總是預設「上帝視角」來看待人。例如《聖經》所提到，神創造人並把人放在伊甸園裡，就是一種上帝的視角。用上帝的視角來看人的好處是，我們可以理解每一個人的「本質」，並且認為每個人都具有相同的特性。這種看待人的方法，在十八世紀的法國遇到反彈。當時法國哲學主流思想之一為無神論，無法接受在我們這些理性生物之上還要再增加一個連存在不存在都無法確定的對象。為了解人具有相同的本質，當時法國哲學認為：「人的本質先於人的存在」這樣的想法。但是沙特覺得不對，我們是先活著才能思考活著的意義。這很像在問：你知道有什麼事是你不知道的嗎？如果我不知道，我當然不會產生這樣的問題。同樣的，如果你不是活著的，你也不會問活著有什麼意義。你不用擔心，沙特並不相信上帝的存在，所以也不會相信死後的世界我們會如何知覺；就算有死後的世界，那也不是我們需要關心的。

沙特的說法就是後來被稱為「存在先於本質」的主張。由於存在先於本質，所以不是我是誰決定了我的身分，而是我的身分決定我真正應該是誰。當我們認知到自己是活生生存在的人之後，我們會開始規定自己應該要成為自己想要成為的某個對象——小時候你可能想成為某位明星，長大後你可能想具有某些人格特質——不論哪一種，都因為你活著，你才能夠創造自己成為你所想要的那個樣子。因此，你必須為自己負責，讓自己成為自己想要成為的那個人——哇！好勵志啊！

「可是我還有這個社會賦予我的身分啊！」當我們想創造自己的身分時，社會賦予的身分卻又反過來限制我們。我們的身分與社會系統相關，社會要求我們「成為有道德的人」。不過沙特對這種要求很反彈：我們就是真實的有各種各樣的衝動啊。成為有道德的人既要否認這些衝動，又要接受他人透過社會系統對我進行各種改變，結果使我不再能是真正的我。沙特並不是說倫理道德不重要，而是認為傳統倫理學只是資產階級用來控制群眾的工具而已。既然我們可以創造自己，當然就能為自己負責。在有神存在的世界中，我們要成為有道德的人是因為有神要求我們；但若我們處在一個沒有神的世界，那我們就成了「孤獨而被拋棄的存在」——這本來是海德格的用語，現在卻被沙特借來用於自己的書中。俄國文豪杜斯妥也夫斯基亦提到，如果沒有神，人就可以為所欲為了！但如果我們真的隨便亂來，我們的存在就沒有意義了！所以沙特主張，我們既然活在這個無法得到保證的世界，我們就需要為自己負責。這種負責不能依靠我們以外的任何其他力量，不論是神或是這個社會。

這就是為何我們必須選擇，且需要進一步追問其他人是否也會如此選擇的原因。因為有神存在的世界，我們的存在與意義可以依附在神的存在中；但當我們處於沒有神存在的世界裡，我們不過就是被拋棄於世上的存在（這是所提的）。既然我們必須活在這個沒有擔保的世界上，我們便無需意外沙特反對佛洛伊德，因為佛洛伊德的潛意識理論把人帶入無須負責的行徑之中。

但是對沙特來說，你該為你自己負責，不論是做夢或潛意識，都不能成為你為自己開脫的理由。從這個意義上來看，沙特和康德不再一樣：雖然兩個哲學家都強調人與責任間的關係，但康德是從道德的角度出發，沙特卻是從存在的角度談。

因為人本來就是矛盾的

沙特與波娃的愛情可能讓人難以理解，但對這樣的描述我們可以從沙特在書中對人的描寫中看出。沙特從現象開始進行反省，並逐步帶領讀者考察自我的存在狀態：這也是他被稱為存在主義哲學家的原因之一。從該書的〈導論〉開始，沙特考察不同對存在現象的解釋理論，包括胡塞爾、海德格（我們要特別注意海德格對沙特的影響）、理性主義、經驗主義、觀念論等。我們在哲學史中可隨處看到對自我意識、存在與現象探討的理論，而這些都在胡塞爾的現象學中創造出與現代哲學的相關成就：過往我們討論的都是二元論的狀態，就像康德認為在表象的背後還有物自身一般。透過對現象的考察，沙特區分出「自在的存在」與「自為的存在」。以人為例，作為一個物理性的個人，人是一種自在的存在；作為一種意識存在的樣態，人是一種自為的存在。但人作為一種存在，是一種只有自己能體驗自己的存在。沙特在《噁心》中告訴我們：我們可透過直覺經驗到自身的偶然性，和荒誕的生存本性病態感覺，因為人的生存是偶然的，且沒有明確目的。

這樣的作法跟西洋傳統的形上學有關：傳統形上學認為人是一種存在，形上學只是把人放於存在的一種樣式中。海德格對人作為一種存在進行了考察，雖然他的重點不是人，而是透過人考察存在的樣式。但對沙特來說，過往形上學關於存在的設定，並沒有否定虛無作為經驗現實的對象。「虛無」嚴格來說就是我們生活的一部分，而不是某種負面的心理狀態或真的不存在的某對象，我們總會預期著某物或某對象不在場的事實（例如「他沒有來」）。這個概念相對於海德格所提到的存在，仍可被視為是相同的概念，因為存在作為我們意識想要理解的整體，不只有肯定的答案，還包括了否定的可能性。但「非存在」和不存在不同，因為非存在不屬自身的一部分，也不是作為存在的補充，非存在就是非存在。這表示當我選擇成為自身的存在時，我就否定其他存在的可能性。但我是在意識中理解我的存在，意識不會消滅其他事物，而是改變我與其他事件間的關係，從而產生意義。

意識的改變可以讓自己產生自我欺騙，此狀況可能變成，一種是認為自己並非真實，一種是視自己為對象而否定自由。你的工作決定你的身分，從而決定你的生存樣式，這就形成沙特所稱呼的「惡意」（bad faith），就是你無法超越自己的處境以實現自己，也就是我們無法根據所在的處境成為自己想要成為的對象。這是人類主體真正存在的核心，是存在對身分投射或認同間的差距。沙特以咖啡廳服務生為例：服務生目的清楚，按照顧客的要求完成所進行的動作。他是在「扮演」一個服務生，但本人作為主體並不是服務生。我們投射服務生這個角色到他身上，但清楚主體不是——奧客就是把服務生的角色當成主體。如果要擺脫這種惡意，我們必須把人的存在與形式上投射到這個人存在的角色上並加以區分，區分這個人之所是（真實存在樣貌）與所不是（社會系統的角色與關注）。

雖然很勵志但其實並不樂觀的故事

這些對於為自己負責的枯燥討論，並非只是個人成長的勵志課程，更討論著社會與身分系統間的建構，也類似於我們在馬克思那所提到的社會符號學問題：我對自己的認識可能是受到社會與身邊眾人的投射。我的身分決定我外在的樣子。這裡的樣子並非指長相，而是我是誰？以及別人覺得我是誰？當我被身邊的眾人賦予一個身分後，我的行事為人就必須符合這一個身分。

等一下，這感覺好像情感勒索的前兆：我們總是認為某個人應該就是要成為或擁有什麼樣子，像是「身為老師你應該……」或「身為學生你應該……」。我們無法控制這些價值觀賦予的評價與實踐，因為我們總是透過對一個人的掌控來維繫我們覺得他所應該具有的身分，但這種掌控關係卻是以愛之名，從而在情感上剝奪他人的自由與權利。我們有可能只是建構了看上去親近，實則疏遠的感情關係。我們可以想像那些嘴巴上說「我這是為你好」，從而禁止孩子進行某些事情的父母。他們雖然認為自己愛孩子，但事實上他們的愛對孩子卻是疏遠且帶有暴力剝奪。至於那些被父母以愛之名對待的孩子，常讓我們看到那種只能默默接受的狀況：受到疏遠與剝奪後，他們最終也接受自己就是這個樣子。這是一種不自由，也是一種絕望。

那麼我們應該如何選擇呢？雖然你可以決定你自己究竟是誰，但這個世界在我們好好反省之前其實沒有意義。沙特認為，我們的生活應該是日常生活行動與目的的總和，當我們好好思考這個世界，當我們作為一個有意識的主體後，這個世界就可以不再一樣。任何事物在世上的意義取決於人們做出的選擇：你可以賦予某物意義，或是任其只是存在而已。例如，你可以將一把尺插在一支筆的筆套上，然後假裝是一架飛機，你也可以把筆和尺放在那僅當作文具。畢竟是我們的意識賦予這些事物特定的意義，也讓我們可從這些事物中獲得自由與負責。雖然我們可以自欺，也就是相信別人與我所做的選擇不同，我們也或許受限於社會條件的制約，但我們終究是自由的個體，要在這意義虛無的世界中真真實實活著的人。

其實自由需要付上代價

確實，這兩人的故事很矛盾：看上去兩人自由自在，享受這段關係中彼此給對方的自由，看上去他們的關係也維持得很好。但不論是信件或日記，我們似乎很難說這段關係是美好的。畢竟有對彼此的忌妒、憤怒——這些情緒正是建立在對彼此的坦白與信任上。他們的關係既矛盾又忠誠，但這是否能成為我們相同的實踐呢？

透過他們的經歷，讓我們再次思考一開始討論的問題：是否有人可能既忠於一個伴侶又與其他人在一起？當然這個問題讓我們能夠思考沙特在《存有與虛無》中對人存在樣式的想法，我們是否有可能透過扮演某個角色讓自己存在，而事實上卻沒有主體的自由？反過來說，我們是否也在扮演他人投射在我們身上的角色內容，尤其扮演著情人給我們的某些條件與限定，以致我們在情感中不論如何都不是本真的自己？

小結

在愛情上，／哲學家能給我們什麼建議？

在我們進行小結以前，請容我先問你一個問題：前面那麼多哲學家的故事，你覺得哪一個最誇張？或者你有沒有接受了哪一個人的主張及想法？

每次跟朋友們討論愛情的問題時，我會不經意地用到一些哲學思維與理論作為提醒或幫助。我的朋友們有時會覺得「哇！你講的好有道理」。但嚴格來說我只是應用一些哲學理論罷了，並不是我真的特別聰明，因為我只是愛智慧——這句話正好也是一位著名的哲學家說過的話。那個人就是畢達哥拉斯（Pythagoras），即我們熟悉的「畢氏定理」的畢氏。當別人稱讚他聰明時，他回答道：「我只是愛好智慧」，這裡的愛智慧正是現在哲學 philosophy 的希臘文。所以哲學其實就是愛好智慧的學問。

可能因為現代的哲學研究多是在學術圈內進行，

所以給人艱澀與遙遠的感覺。念哲學的人好似不食人間煙火，嘴裡講的都是聽不懂的大道理：重點是他們還養不活自己。所以傳統哲學的三個基本問題：「我是誰？」「我知道什麼？」以及「我應該做什麼？」對哲學系學生來說，就變成了「你為什麼念哲學系？」「哲學系在念什麼？」以及「哲學系出來能幹嘛？」再者，哲學倚重邏輯作為工具，也加深了人們認為哲學對理性的重視。為此，當我們想問哲學家在愛情上能給我們什麼建議時，我們似乎難以找到相對應的內容。

但若愛情與婚姻就是我們生活的現象，這些現象背後難道找不著可被歸納的規律嗎？至少，當哲學培養出我們所需要的思考與反省後，仍可以發現縱使愛情比我們想得更複雜，卻仍有許多可被注意的未開展面向。

想要救世界？有請BL

學術圈有很多研究人類情感的不同方式：除了哲學以外，還有從社會學、生物學，甚至是以科學角度來研究。日本有一個從二〇一六年開始連載的漫畫《試證明理科生已墜入情網》（「理系が恋に落ちたので証明してみた」），這從二〇一九年出了虐待單身狗動畫版，讓觀眾吃了12集的狗糧），內容中透過各種科學實驗來證明兩位主角是否真的喜歡對方。在諸多討論中，有一個研究讓人覺得特別有趣，即溝口彰子提出的《BL進化論》（BL進化論：ボーイズラブが社会を動かす）。

這本書在台灣已出版中文版，而且有一個很長的副標題，清楚告訴讀者這本書的實質內容：「男子愛可以改變世界！日本首席BL專家的社會觀察與歷史研究」。這本書研究一九六〇年來，日本BL作品在意義上的開展與演進，並且說明BL作品如何從最早期的情欲投射，到後來的各種豐富樣貌，以及商業行為中的各式產出。

ＢＬ是 Boy's Love 的簡寫，是以女性讀者為對象所開創的作品。溝口彰子告訴我們，ＢＬ進化有賴逐步打開的銷售市場提供了發揮的空間，和被設定下來的傳統公式開展。所謂的ＢＬ公式是：

＊美男子Ｘ美男子。
＊攻Ｘ受的角色設定。
＊攻＝較為陽剛的角色，在日常與性愛中作為主導的一方，通常有富有的背景。
＊受＝較為陰柔的角色，同時具有男性與女性的特質，雖然才貌雙全卻容易因欲望而動心。
＊兩個男主角都是受女性歡迎的前異男，但作品基礎是男主間的戀愛。

這個設定展現出ＢＬ作品中的終極配對神話，也就是情感上的永恆愛情神話。我們把這當作是異性戀規範社會下「正常」女性讀者／創作者幻想的正常發揮。ＢＬ作品中的兩個男主角可以沒有愛與性，也不會有外遇（這是目前父權社會下，女性的傷痛之一）。這兩位男性的戀愛不是現實生活中所見到的同性戀愛情，只是讀者幻想的理想情愛投射。所以溝口彰子才會說，ＢＬ作品等同於配對的神話。

這種說法可以從女性對於攻受角色的投射上得到證明。反映在ＢＬ男性敘事過程中，一旦某方與另一方有了親密接觸，就無法再對女性產生性欲，特別是在想要與女性性愛時會感到反胃與噁心。這種行為符號表達出女性想要逃離並且反抗父權社會中，男人對異性戀女子的實際要求，及對角色投射產生的自我認同感。特別是當女性對「受」角色的投射，正是將自身情感轉移到此類角色上的移情作用，並且建構起「要不要成為女方＝受的角色之權利操控在女方手中」的表達。用白話文來說，就是女性在ＢＬ中透過性幻想掌控性的自主權，因為ＢＬ中的「受」如果難以接受被動的性愛，大可退出，恢復成直男。另一方面，作品中攻受角色難以互換，也表達出女性在異性戀社會中難以退出女性角色的制約和建構。換句話說，女性能在作品裡找到自己社會性角色的投射與救贖，其壓力與情感也可獲得宣洩的出口。

總之，ＢＬ能夠拯救世界，是因為裡面描述了無私且不受壓抑的愛：從無法接受到無法離開，主角總是能忠於自己的心情與感受。在現實生活中，ＢＬ能進化就意謂著已逐漸被大眾接受或開展出新的劇情。溝口彰子認為，有三項基本要件需要被滿足：

1. 不論創作者的性別或性取向，都能不受異性戀規範與恐同仇同的束縛，才得以發揮真誠的想像力。

2. 主體（行為者）是由社會與個人的、精神分析的主體組合而成，雖然無法分割，但仍有內部區分與詳細分析的必要。

3. 「現實／表象／幻想」三者互為表裡，互相影響；三者間的關係並非對等，也無定量。所以更需要個別分析案例。

你注意到了嗎？BL被賦予的是擺脫過往權力宰制的男性沙文主義。下次如果看到身邊的腐女們開心地看著俗稱「本奔」的18禁BL同人誌創作，且開心的討論與交換意見，請試著尊重她們：她們正帶領著人類邁向無私之愛的康莊大道上。

可以沒有A片，但不能沒有裏番的男人

如果BL是屬於女性的專業，那男人的專利大概就是俗稱裏番的成人動畫。對於什麼是愛情，男人在裏番的裡面找到了需要的內容。

往下說明之前，應該要多說一句：雖然俗稱A片的成人影片可以滿足男性的性欲，但A片和這裡所提的裏番有許多不同的地方。最明顯的差別在於裏番有故事的結構，是一整段完整的故事，A片不一定會有。不論是裏番或BL類型作品，都強調敘事的合理性。敘事強調的是對事件本身的描述，具有完整故事結構及相關指稱。不論哪種類型的裏番，即便一開始就是性愛場景，在後面的對話中我們還是可以看到完整的故事內容。但是生理男性在這樣的場景中，仍存在著與生理女性對世界的不同認識與理解。例如這類故事對性器官的描述不是生物學式或醫學式的，而是意識型態的，並且帶有男性權力宰制的幻想投射。像是不合比例的乳房、臀部以及陽具尺寸。裏番中也有許多場景不符合實際生物學所觀察到的性行為現象，包括過多的精液量，持續一整個晚上或次數上無限制的性交等等。

為什麼會有這樣的理解差別？如果裏番的受眾以男性為主，那麼對性愛的表達當然就是以男性（於社會處境中）所認知的表達方式作為內容。就一般而言，性存在於任兩個相愛的人中間，性行為被用以表達與對方心靈契合的身體延伸。除生殖外，性還有多重意涵，像是交付給彼此、情愛的表達、順從、委身等不一而足。但生理上的男人畢竟是受感官刺激的動物，他所期待的情感不只是像BL所說的那種無私，還包括了占有與征服（姑且不論這樣的想法來自天性還是來自社會錯誤的教育）。

問題是，不論裏番或BL作品，在描述這樣的性愛時，都是在預設敘事必要性的前提下進行的：雖然這樣的描述帶有幻想的成分。換句話說，裏番或BL作品的敘事結構，都在表達幻想情愛的呈現，所以其中對情感描述的成分，不論是故事發展或是與情感相關的符碼，都會忠實反應出觀看受眾的期望與情感投射——即便那樣的投射不切實際或是虛假架空。因為表達情欲的書寫方式，其動作作為符號指稱，均能清楚表達欲望的需求。雖然是「幻想的」，卻並非純粹的不切實際，而是透過誇大的符號投射出個人對理想情愛的建構。不論裏番或BL作品，都是在講述一個愛情故事，只是這些故事其中的一個取向符合了我們所希望的，所以我們觀賞並受到了刺激。現實生活中的情感通常需要升溫，之後才有委身的性愛（此處排除純粹性愛享受的部分）。但作為推動關係的因果敘事，裏番與ＢＬ故事發生的時間因為是理想性的，故可以短暫且迅速。不論如何，男性對情感需求會透過性愛作為肯定符號；而女性對情感表達卻不只性愛，還包括詳細過程。裏番的推動可被理解為性愛的合理化，ＢＬ的推動則可被理解為醞釀的過程。

聆聽愛情與女人的聲音

從上面文謅謅的討論可注意到，「故事」對任何人來說都是重要的。但是從古至今，在面對愛情時，似乎還是忽略了片段，還有人的聲音；或是相反過來，認為女人就只在乎愛情，忽略了男人其實也有情感的需求。

若從許多文本中讀出了弦外之音，我們或許會注意到，古人早有智慧的提醒我們：人有情感層面的需要，但人的情感需求會受到各種干擾，導致理性在這樣的情況下無法發揮作用。例如《舊約．聖經》的《創世紀》，如果真的讀懂它，大概會覺得裡面的故事比八點檔還狗血，比宮廷戲還攻心計，比裏番更加色情。像是《創世紀》38章記載了一個名為猶大的人，他和家人之間，尤其是跟媳婦之間發生了關係。

故事的一開始，猶大可能因為要逃離賣掉親兄弟的罪惡（是真的用一筆錢賣了，然後演一齣戲給老爸雅各看，謊稱弟弟被野獸吃了。雅各怎麼會看不出來呢？但當時長子呂便為了搶奪家族權力與父親的妾發生關係，也就是透過和小媽明目張膽的親密關係對父親下戰帖，在這情況下，雅各可能為了避免衝突擴大而故意裝傻），而前往朋友那裡散心。在那他看上「書亞的女兒」，並將對方娶回家，後來生了三個兒子：老大珥，老二俄南，老三示拉。老大娶妻後不幸過世。依據當時風俗，必須由老二俄南娶大嫂，好為大哥留後。俄南知道就算生下孩子，名分上也與他無關，所以每次跟大嫂做愛後，都故意不射精在裡面，而有藉口多次發生性關係。後來，俄南過世了。猶大可能覺得媳婦帶賽，為了避免當時還未成年的老三死掉，而將媳婦打發回娘家。這一回竟是一段很長的時間：她瑪（媳婦）天天穿著寡婦的衣服守節；

但猶大那卻早已將此事忘得一乾二淨。

多年後，猶大老婆過世（你看看她瑪到底撐了多少年？）猶大守喪結束後跟朋友歡樂。她瑪實在沒有辦法，只好換上廟妓的衣服引誘猶大。猶大為了證明自己不會白嫖，就將隨身的印章與手杖交給她（有點像把自己的身分證押在那，你看看這個傢伙有多扯）。發生關係後，她瑪回到原本的住處，猶大送了一隻羊想要換回物品卻找不到人。在見笑轉生氣的情況下，只得讓這件事不了了之。至於為何猶大認不出媳婦，有一說是時間久了他根本忘記長相了，一說是當時廟妓服裝會遮住臉所以認不出來。但如果他覺得這女人很像兒媳，仍與對方發生性行為，不就證明這個公公對自己的媳婦早有惡念？

三個月後，有人告密她瑪懷孕，猶大才想起被他冷凍與欺騙的媳婦。他直覺她瑪背叛家族，跟野男人私混，想要把她燒死。她瑪拿出猶大的東西，證明自己是從猶大懷孕，猶大才慚愧地承認自己有過錯而收回家族懲罰的命令。

這個故事一方面讓我們看到人性的罪惡，以及男人如何被自己的欲望支配所以幼稚，但另一方面又讓我們看到女人在這個故事裡面是沒有話語權的：不論是猶大的妻子或是兒媳她瑪，都只能被動地受支配。

這或許就是愛情的魅力，理性無法給予我們答案。哲學家們則可以透過各種理性的方式研究婚姻，討論情感，彷彿自己置身事外。但最終，這一個又一個的愛情故事讓我們看到，我們其實都是人，在感情面前會有自己的需求。從這些哲學家的身上我們可以看到例證，說明理性和感性既彼此對抗，又配合妥當。

延伸閱讀

本書撰寫過程中其實參考了大量資料。但為避免造成讀者們閱讀上的厭煩，以下只列舉各章中最主要的參考資料作為讀者可使用的延伸閱讀。

前言

1. 尤達的故事，可以參考羅秉祥二〇一五年五月在《時代論壇》所發表〈一將「功成」萬骨枯：論神學家尤達的「性倫理實驗」〉一文。
2. 犬儒學派的故事，可參考 Peter France 著，梁永安譯，《隱士：透視孤獨》，立緒文化，二〇〇一年。

第一章

1. 《柏拉圖全集》四卷本，人民出版社，二〇〇三年（簡體字版）。
2. 《柏拉圖》，Williams Bernard 著，何畫瑰譯，城邦文化，二〇〇〇年。

第二章

阿貝拉德與海蘿莉絲可在英文版本維基百科資源共享中找到全文與六封書信。

第三章

關於基督宗教對婚姻的理解，官方角度文件頗多可作為參考。文中所提到知識論與神祕經驗知識論，有興趣的讀者可以閱讀作者在二〇二一年於五南圖書出版的《圖解知識論》，書中對這些領域系統性的概略解說。

第四章

1. 《二十歲的盧梭：對自由的激烈渴望》，Claude Mazauric著，郭維雄譯，商周出版，二〇一四年。
2. 盧梭的《懺悔錄》，李平漚翻譯，五南圖書出版，二〇一八年。
3. 《圖解教育哲學》，葉彥宏著，五南圖書出版，二〇一五年。

第五章

1. 《康德：一個哲學家的傳記》，曼弗烈．孔恩著，商周出版，二〇〇五年。
2. 《批判哲學的批判——康德述評》，李澤厚著，三民書局，一九九六年。

第六章

1. 齊克果的《愛在流行：一個基督徒的談話省思》，林宏濤譯，商周出版，二〇一五年，此書即為本章所提《愛的工作》。

2. 齊克果的《誘惑者的日記》，陳岳辰譯，商周出版，二〇一五年。

3. 齊克果的日記摘錄《齊克果日記》，吳書榆譯，商周出版，二〇一六年。

4. 〈哲學家作為誘惑者〉，曾瑞明，二〇一九年發表在《香港01》論壇。

第七章

1. 叔本華的《作為意志和表象的世界》，石冲白譯，新雨出版社，二〇一六年。

2. 呂迪格·薩弗蘭斯基所著《尼采：其人及其思想》是介紹尼采思想最為詳盡的重要著作，此書由黃添盛譯，商周出版社，二〇二〇年。

3. 約翰·凱格的《在阿爾卑斯山與尼采相遇》是認識尼采的簡易入門著作，此書由林志懋譯，商周出版，二〇一九年。

第八章

1. M. Sokol, Jeremy Bentham on Love and Marriage: A Utilitarian Proposal for Short-Term Marriage, 網址 https://www.tandfonline.com/doi/full/10.1080/01440360902765415。

2. 彌爾的《效益主義》，邱振訓譯，暖暖書屋，二〇一七年。

第九章

1.《馬克思恩格斯全集》，共計五十卷，人民出版社，二〇一六年。

2. Robert Hodge 和 Gunther Kress 所著，周勁松與張碧所譯的《社會符號學》是認識這個領域的簡易入門作品，四川教育出版社，二〇一二年。

第十章

1.《西格蒙德．弗洛伊德的生活和工作》，Ernest Jones 著，中央編譯出版，二〇一八年。

2. Franz Maciejewski 所著《在莫洛亞的佛洛伊德：和明娜的恩加丁之旅》（*Freud in Maloja:Die Engadiner Reisemit Minna Bernays*），另參考 Ralph Blumenthal 於二〇〇六年七月九日發表於紐約時報的報導〈新證據證實佛洛伊德與妻子的妹妹有醜聞〉（New evidence for that rumor on Freud and wife's sister）。

第十一章

1.《魔法師的年代：跟著維根斯坦、海德格、班雅明與卡西勒，巡禮百花齊放的哲學黃金十年》，沃弗朗．艾倫伯格著，區立遠譯，商周出版，二〇二〇年。

2.《女哲學家與她的情人》，愛婷爵著，蘇友貞譯，麥田出版，一九九七年。

第十二章

1.《婚姻與道德》，羅素著，婁蘭君譯，業強出版，一九八七年。

2.《羅素自傳．第一卷（1872-1914）》、《羅素自傳．第二卷（1914-1944）》與《羅素自傳．第三卷（1944-1967）》，羅素著，商務印書館於二〇一五年二月出版，為簡體字版本。

第十三章

1.《法式愛情：法國人獻給全世界的熱情與浪漫》，瑪莉蓮．亞隆著，何修瑜譯，貓頭鷹出版，二〇二〇年。

2.《巴黎左岸 1940-1950：法國文藝最璀璨的十年》，阿涅絲．波西耶著，高霈芬譯，創意市集，二〇二〇年。

3.《波娃戀人》，Irene Frain 著，陳羚芝、李沅洳譯，現在文化，二〇一五年。

如何愛，哲學家有答案：

13 堂最有關係的哲學思辯課

作者　黃鼎元
責任編輯　陳姿穎
內頁設計　江麗姿
封面設計　任宥騰

行銷企劃　辛政遠、楊惠潔
總編輯　姚蜀芸
副社長　黃錫鉉

總經理　吳濱伶
發行人　何飛鵬
出版　創意市集
發行　英屬蓋曼群島商家庭傳媒股份有限公司
城邦分公司
歡迎光臨城邦讀書花園
網址：www.cite.com.tw

香港發行所　城邦（香港）出版集團有限公司
香港灣仔駱克道 193 號東超商業中心
1 樓
電話：(852) 25086231
傳真：(852) 25789337
E-mail：hkcite@biznetvigator.com

馬新發行所　城邦（馬新）出版集團
Cite (M) SdnBhd 41, JalanRadinAnum,
Bandar Baru Sri Petaling, 57000 Kuala
Lumpur,Malaysia.
電話：(603) 90578822
傳真：(603) 90576622
E-mail：cite@cite.com.my

展售門市　台北市民生東路二段 141 號 7 樓
製版印刷　凱林彩印股份有限公司
初版一刷　2021 年 9 月
I S B N　978-986-5534-60-8
定價　420 元

客戶服務中心
地址：10483 台北市中山區民生東路二段 141 號 2F
服務電話：(02) 2500-7718、(02) 2500-7719
服務時間：週一至週五 9：30 ～ 18：00
24 小時傳真專線：(02) 2500-1990 ～ 3
E-mail：service@readingclub.com.tw

國家圖書館出版品預行編目資料

如何愛，哲學家有答案：13 堂最有關係的哲學思辯課 / 黃鼎元著 . -- 初版 . -- 臺北市：創意市集出版：英屬蓋曼群島商家庭傳媒股份有限公司城邦分公司發行 , 2021.09
面；　公分

ISBN　978-986-5534-60-8(平裝)
1. 西洋哲學 2. 戀愛 3. 兩性關係

140.9　　110004751